中国青年创新创业发展评价研究
——以长三角为例

王伟忠　闫国庆　等 ⊙著

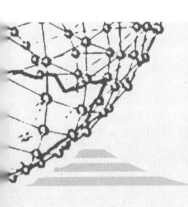

清華大学出版社
北 京

<h1 style="text-align:center">内 容 简 介</h1>

　　本书构建了长三角地区青年创新创业发展评价指标，全面展示了长三角区域青年创新创业者的群体特征、面临挑战及机遇。本书在已有研究的基础上，以"环境—行为—效能"为核心框架构建了青年创新创业发展评价指标体系，梳理并分析了 2018 年至 2020 年的长三角地区青年创新创业环境、投入、产出等现状及差异，提出了强化政策引导、发挥区域优势等方面政策建议。

　　本书适合关注长三角地区青年创新创业发展的政府工作人员、企业管理者，以及从事创新创业教育研究、创业人才培养或培训的广大研究者或教育管理工作者阅读。

图书在版编目（CIP）数据

　　中国青年创新创业发展评价研究：以长三角为例／
王伟忠等著. -- 北京：清华大学出版社，2024. 9.
　　ISBN 978-7-302-67331-6

　　Ⅰ. D669.2

　　中国国家版本馆 CIP 数据核字第 2024LA7962 号

责任编辑：张　伟
封面设计：汉风唐韵
责任校对：王荣静
责任印制：刘　菲

出版发行：清华大学出版社
　　　　网　　　址：https://www.tup.com.cn，https://www.wqxuetang.com
　　　　地　　　址：北京清华大学学研大厦 A 座　　邮　　编：100084
　　　　社 总 机：010-83470000　　　　邮　　购：010-62786544
　　　　投稿与读者服务：010-62776969，c-service@tup.tsinghua.edu.cn
　　　　质量反馈：010-62772015，zhiliang@tup.tsinghua.edu.cn
印 装 者：天津鑫丰华印务有限公司
经　　销：全国新华书店
开　　本：185mm×260mm　　印　　张：7.75　　　　字　　数：184 千字
版　　次：2024 年 9 月第 1 版　　　　　　　印　　次：2024 年 9 月第 1 次印刷
定　　价：89.00 元

产品编号：088035-01

前言

青年创新创业是活力、变革和机遇。在全书的构架中,每一章节都将深入探索其关键领域,呈现一幅翔实的长三角地区青年创新创业活力画卷,意图揭示长三角地区青年创业者的群体样貌、挑战和机遇。全面把握长三角地区青年创新创业的发展态势,为区域社会经济发展提供科学依据,为推动中国创新创业发展提供新的视角和建议。

第一章绪论,阐明创新、创业的"双创"背景,强调青年创新创业人才成为产业结构及经济增长的引擎。聚焦创新创业的基础支撑,特别关注长三角地区的要素集聚。梳理了自改革开放以来,我国一直坚持创新创业高质量发展的政策,同时提出关于新时代青年创新创业的新视角、新特点、瓶颈与途径等。

第二章对国内外研究现状进行了梳理回顾,包括相关理论研究和创新创业评价的相关研究。区别于传统创业,着重关注创新创业具有的三方面特性。剖析长三角、青年发展、创新创业三者关系间的内在逻辑,以及国内外的创新创业评价方法,为后续指标体系的构建提供了理论基础和方法探索。

第三章致力于构建长三角地区青年创新创业发展评价指标体系,以"环境—行为—效能"为核心框架,阐释创新创业发展评价指标的概念、构建原则、涵盖内容。运用投入、实施、产出三大指标,提出熵权法与 TOPSIS(Technique for Order Preference by Similarity to an Ideal Solution)法相结合确保客观准确的评价,更好地发挥指标体系中的各项功能。

第四章进一步提供了指标测度的说明,包括综合评价、分维度评价以及发展变化的测度方法。对 2018 年至 2020 年的长三角地区青年创新创业发展开展现状分析并测评,以揭示长三角地区青年创新创业的群体特征发展趋势与区域差异。

第五章分析了长三角地区青年创新创业环境的现状,包括人才数量、信息技术投资等,提供了 2018 年至 2020 年的纵、横向对比分析以展现上海、江苏、浙江、安徽四个地区创新创业环境的整体差异和区域特征。

第六章挖掘并梳理了长三角地区青年创新创业的投入的基本现状,包括研发经费支出、财政教育经费支出等,对四个地区进行了 2018 年至 2020 年的纵、横对比及评价四个地区和年度的情况,彰显各区域对青年创新创业发展的重视程度。

第七章重点关注青年创新创业的产出,包括就业率、创业率以及竞赛获奖数等,提供了横向、纵向对比,分析并评估四个地区和年度的具体表现。对比反映了各地区自身具备的创新创业潜力。

第八章结合时代要求和区域发展实际,提出了系列政策建议,宏观上落实政策引导、发挥区域优势,微观上从推进搭建平台、优化创业环境,层层入手,保障青年创新创业体系,实现青年创新创业人才在国家战略中发挥更加积极的作用,不断推动经济社会高质量发展。

本书节选2023年度浙江省高校思想政治工作研究文库项目。

编　者

2024 年 1 月

目录

第一章

绪　论

21世纪全球化发展浪潮下,知识经济时代已然来临,国际上已经基本形成创新创业型人才是第一战略资源的共识。人才乃强国之本,创新创业人才甚至成为国家发展的核心竞争力。

随着我国经济转型的逐步深入和市场经济体制的不断完善,创新创业活动也逐渐兴盛起来,创新创业发展的相关研究已成为学者们密切关注的领域。当前,创新创业尤其是青年人才的创新创业已经成为经济增长的重要引擎之一,成为推进经济高质量发展的重要支撑,加快推动青年创新创业发展,对于促进创新驱动发展、产业结构优化乃至经济社会全面发展,具有重大战略意义。

一、创新驱动发展战略势在必行

改革开放以来,我国国民经济高速发展,人民生活水平显著提高。如2001—2010年,在各种要素驱动下,中国经济实现飞速发展,GDP(国内生产总值)年均增速为10.55%,由此在2010年中国GDP超过日本,成为世界第二大经济体。但是,随着经济的发展,各种深层次矛盾也逐渐暴露出来,诸如国内市场需求结构升级加快而高质量产品供给不足、传统人口红利逐渐减少而资源环境约束不断加强、国际创新驱动竞争激烈而国内产业结构亟待优化等。2011年至今,我国经济增速逐渐放缓,GDP年均增速变为7.36%,我国经济发展步入新常态。因此,在"红利时代"末端,转变经济增长方式,推动新常态下中国经济社会稳健发展,愈加紧迫。

2015年10月29日,习近平总书记在党的十八届五中全会第二次全体会议上的讲话鲜明提出了"创新、协调、绿色、开放、共享"的新发展理念。新发展理念的提出,为中国的长久发展提供了新思路和指导,为新常态下经济社会发展的难题提供了破解方案。新发展理念符合我国国情,顺应时代要求,对破解发展难题、增强发展动力、厚植发展优势具有重大意义。新常态下,我国经济下行风险加大,必须以供给侧改革为主线,以创新为主要驱动力,创新发展成为新时代的必然选择。

2017年10月,党的十九大报告进一步明确指出:我国经济已由高速增长阶段转向高质量发展阶段。根据十九大精神,2017年12月召开的中央经济工作会议认为,"中国特色社会主义进入了新时代,我国经济发展也进入了新时代,基本特征就是我国经济已由高速增长阶段转向高质量发展阶段"。高质量发展成为新时代我国经济发展的基本特征和主方向。

2022年8月,习近平总书记在经济社会领域专家座谈会上指出:实现高质量发展,必须实现依靠创新驱动的内涵型增长,自主创新是关系我国发展全局的重大问题,也是形成以国内大循环为主体的关键。高质量发展的一个重要指标就是从要素驱动到创新驱动,这是高质量发展最主要的特征之一。因此,立足中国特色,着眼全球发展大势,锚定高质量发展目标,就需要把创新放在新发展理念的首要位置,就需要把创新作为引领发展的第一动力,就需要坚持创新发展在我国现代化建设全局中的核心地位。

二、 创新创业基础支撑作用突出

当前,科技创新已经成为全球关注的焦点,成为影响经济社会发展的关键力量,深刻改变了经济社会发展的格局。最近几年,新一代信息技术、生物科技和新材料技术已成为推动经济加速转型发展最重要的赋能技术。围绕这三大领域,不断孵化催生出新技术、新产品、新业态、新模式,引领着世界新一轮科技革命和产业革命。创新、人才等要素对经济社会发展的基础支撑作用日益凸显。

创新是引领发展的第一动力。科技创新是提高社会生产力和综合国力的战略支撑,在国家发展全局中居于核心地位,在现代化经济体系建设中处于引领与战略支撑地位。随着我国经济发展进入新常态,要突破自身发展瓶颈、解决深层次矛盾和问题,根本出路在于创新,关键要靠科技力量。推进科技进步与创新发展,是深化供给侧结构性改革、经济发展方式加快转变、经济增长动力加速转换、经济结构持续优化乃至经济发展质量全面提升的关键举措。

2014年9月,李克强在夏季达沃斯论坛上发出了"大众创业、万众创新"的号召,提出要掀起大众创业、草根创业新浪潮,形成"万众创新""人人创新"的新态势。2015年3月,李克强在政府工作报告中提出打造大众创业、万众创新的新引擎。随后,相继出台了《国务院办公厅关于发展众创空间推进大众创新创业的指导意见》《国务院关于大力推进大众创业万众创新若干政策措施的意见》《国务院关于推动创新创业高质量发展打造"双创"升级版的意见》《国务院办公厅关于进一步支持大学生创新创业的指导意见》等政策文件。一系列政策文件的密集出台,凸显了对创新创业高质量发展的高度重视。大力推进大众创业、万众创新,就是要激发全社会的创新潜能和创业活力,就是要培育和催生经济社会发展的新动力。不断在更大范围、更高层次、更深程度上推进大众创业、万众创新,就是要进一步调动亿万群众的智慧和创造力,为经济社会高质量发展注入源源不断的澎湃动力。

习近平总书记深刻指出,人的创造力是个人、民族、国家发展的最大动力源,创新创业创造能够为经济社会发展催生新供给、释放新需求、激发新活力。在新常态下,贯彻新发展理念、推动高质量发展,推进大众创业、万众创新是重要战略支撑。建设社会主义现代化强国,破解经济发展深层次矛盾和问题,增强经济发展内生动力和活力,推动共同富裕,比以往都更加需要增强创新这个第一动力,都更加需要发挥全社会的创新创造活力。大众创业、万众创新的实质就是调动亿万群众的积极性和社会创造活力,最大限度激发每个人的潜能潜质,以推进经济社会高质量发展。

三、 长三角地区创新要素集聚

长江三角洲地区,简称长三角、长三角地区,包括上海市、江苏省、浙江省、安徽省三省一市。截至 2020 年底,长江三角洲地区常住人口 2.35 亿,区域面积 35.8 万平方千米。2020 年,长三角地区生产总值 24.5 万亿元,以不到 4% 的土地面积,创造出全国近 1/4 的经济总量、1/3 的进出口总额。

长江三角洲地区是我国经济发展最活跃、开放程度最高、创新能力最强的区域之一,在国家现代化建设大局和全方位开放格局中占据举足轻重的战略地位。2018 年 7 月,《长三角地区一体化发展三年行动计划(2018—2020 年)》正式印发,为长三角一体化发展明确了任务书、时间表和路线图。同年 11 月 5 日,习近平总书记在首届中国国际进口博览会上宣布,支持长江三角洲区域一体化发展并上升为国家战略。推动长三角一体化发展,增强长三角地区创新能力和竞争能力,提高经济集聚度、区域连接性和政策协同效率,对引领全国高质量发展、建设现代化经济体系意义重大。

要素集聚是全球化的主要特征之一,是推动区域经济增长的重要动力。在以服务业全球化为主要特征的新一轮经济全球化趋势下,长三角通过深化对外开放、提高引资质量集聚了一批全球创新要素,为区域一体化发展提供高质量的要素支撑。通过实施高水平对外开放,长三角转变了参与全球化的战略,即从基于外需市场的外向型经济发展战略转变为基于内需市场的开放型经济发展战略。具体而言,就是从依赖劳动力等初级要素成本比较优势、被动切入由发达国家跨国公司主导的全球价值链分工体系,开始转向立足超大规模国内市场的新比较优势、主动构建和融入由我国本土跨国公司主导的全球创新链分工体系。

改革开放以来,以浙江省为代表的长三角地区出现了大量以加工制造为主的特色产业集群,如纺织服装、金属制品等。这些具有"块状经济"特征的地方产业集群主要依托劳动力等初级生产要素进行加工制造来参与全球价值链分工,显著促进了区域经济增长和产业升级。而创新集群作为产业集群的高级形态,主要围绕创新活动集聚生产、科研、科技中介等环节,能够有效整合创新资源和产业资源,是创新要素集聚的重要产业组织形式。面临新常态,长三角加快传统产业集群向创新集群转型升级,由传统产业集群的生产协作系统升级为创新协同系统。在升级目标导向上,立足发达制造业基础,吸引制造业研发总部集聚,实现从以加工制造业为主的代工经济向以生产性服务业为主体的总部经济升级,集聚了大量的人才、技术等创新要素。

长三角地区作为我国高等教育最为发达的地区之一,集聚了大量高校及青年人才。教育部 2021 年的高校名单显示,江、浙、沪、皖四地共有本科层次高校 221 所,其中"双一流"大学 35 所,占全国总数的 1/4,无论是规模还是质量,长三角的高教实力无疑都处于全国领先水平。长三角地区的发展态势以及创新创业热度,受到越来越多高校毕业生的青睐,据 BOSS 直聘调查数据,长三角城市群高校应届毕业生的平均留存率高达 90.3%。此外,对于全国高校毕业生而言,长三角地区也是就业首选之一,大量高校人才向长三角输入。以浙江省为例,2019 年省外高校毕业生来浙江就业 50 余万人。《上海市 2019 届高校毕业生就业状况报告》显示,外省市生源毕业生在沪就业人数占全部外省市生源的 41.67%,比 2018 年同期增加 2.27 个百分点,近年来外省市生源毕业生留沪就业比例连年上升。

"青年是标志时代的最灵敏的晴雨表",创新驱动发展的当下,最具创新活力的青年,作为将创新创业更好地转化为经济发展新动能的主力军,是中国经济和社会发展的一支重要力量。长三角地区由于其独特的经济实力、区域优势、创新创业热度,成为青年的汇聚地。

青年最富有朝气、最富有梦想,青年兴则国家兴,青年强则国家强。习近平总书记在纪念五四运动 100 周年大会上强调:"青年是整个社会力量中最积极、最有生气的力量,国家的希望在青年,民族的未来在青年。"习近平总书记在同各界优秀青年代表座谈时指出:"历史和现实都告诉我们,青年一代有理想、有担当,国家就有前途,民族就有希望,实现我们的发展目标就有源源不断的强大力量。"习近平总书记在知识分子、劳动模范、青年代表座谈会上强调:"实现中华民族伟大复兴的中国梦,需要一代又一代有志青年接续奋斗。青年人朝气蓬勃,是全社会最富有活力、最具有创造性的群体。党和人民对广大青年寄予厚望。"青年发展与国家发展是互相促进和推动的,青年发展也依赖于区域发展,同时,青年发展关系到未来国家和地区建立持续发展能力、持久竞争优势,因此,长三角地区青年创新创业发展,对于推动长三角一体化发展乃至区域经济社会高质量发展,具有重要战略意义。

为了留得住、用得上青年人才,长三角地区各城市出台了一系列人才政策。比如,杭州发布大学生双创三年行动计划(2020—2022 年),持续聚焦大学生就业创业无资金、无场地、无经验、无服务难题,整合提升应届毕业生生活补贴、租房补贴等 30 余项政策。又如,宁波2020 年 8 月出台新政策,鼓励开发新兴行业创业培训项目,建立本地化的创业培训目录,可对师资培训、课程开发、培训管理平台等工作给予补贴;加强农村电商人才、现代农业领军人才等农村实用人才能力培训,培训经费由财政专项经费列支。再如,上海市人民政府办公厅发布《关于做好 2020 年上海高校毕业生就业工作的若干意见》,鼓励高校毕业生自主创业,明确毕业年度内高校毕业生从事个体经营的,从办理个体工商户登记当月起,3 年内按每户每年 14 400 元限额扣减相关税费。对上海户籍、毕业两年内的高校毕业生,在上海首次创办小微企业等创业组织满一年且按规定至少为一人缴纳城镇职工社会保险费满 6 个月的,可申请 8 000 元的首次创业一次性补贴。毕业学年学生参加补贴培训目录内创业能力培训项目,可享受 80% 培训补贴。这些新政策的陆续出台,带动越来越多的高校毕业生走上创新创业之路。

第二节　　研究意义

创新创业是我国经济社会高质量发展的主方向。随着资源环境约束不断加强,传统以资源的高投入、高消耗、高污染的粗放型经济增长方式难以为继,高科技、低污染的集约型经济增长方式势在必行,传统的要素驱动将会被创新驱动所取代。推进大众创业、万众创新,就是要通过提高大众的自主创新能力,依靠科技创新,促进产业结构的优化升级,进而实现高质量发展。

在借鉴国内外创新创业发展评价指标的基础上,构建长三角青年创新创业发展的评价指标体系,进而综合评价。通过对长三角地区青年创新创业环境及现状、创新创业投入现状及评价、创新创业产出现状及评价、创新创业典型案例分析,研究长三角青年创新创业发展的特点、优势与不足,由此进一步提出长三角青年创新创业发展的对策建议,对于建立健全青年创新创业综合服务体系,引导、助力、激发青年的创新创业活力,营造良好创新创业氛围,形成政府激励创业、社会支持创业、青年勇于创业的新机制,具有极其重要的指导意义。

一、 构建评价体系,提供现实依据

基于投入产出视角,建立密切结合青年创新创业发展实际的"环境—行为—效能"分析框架,构建青年创新创业评价指标体系,对长三角地区青年创新创业进行综合评价,一方面为青年创新创业发展提供相关理论依据和发展框架;另一方面探究青年创新创业发展的特征特点,为以后的相关理论研究提供现实支撑。

二、 测度发展现状,展现区域特点

通过对长三角地区青年创新创业的发展现状的有效测度,展示三省一市青年创新创业的特征特点。通过计算得分和排名的方式,测度长三角三省一市青年创新创业的现状,展现区域青年创新创业发展的差异。

三、 深化教育改革,培养创新人才

近年来,在国家相关政策引导下,我国高校创新创业教育持续开展。然而目前,各高校的创新创业教育各有优势、各有特色,遇到的瓶颈问题也不尽相同。通过研究长三角地区青年创新创业发展,构建创新创业环境、创新创业投入、创新创业产出等一级指标,并将其细化至二级指标,以期在现状的基础上对其进行分析归纳,可以为高校现有的创新创业教育提供参考,有利于高校通过健全课程体系、强化实践实训、完善政策保障等措施,不断推动产学研融合,提升创新创业人才教育的育人质量。

四、 精准把握诉求,转变发展方式

自从 2015 年 3 月《政府工作报告》正式提出要将大众创业、万众创新打造成经济发展的新引擎以来,全国各地呈现"双创"之火的燎原之势。长三角作为中国经济活跃度最强的区域,一直都是改革开放前沿阵地和经济发展区域引擎,很大程度上代表中国经济的发展态势,无疑是中国经济参与全球经济合作的"超级巨轮"。而创新创业作为稳增长、保就业、促转型的重要抓手,对经济发展的促进作用正被实践所证实。

近些年来,长三角地区创新创业氛围越来越浓厚,各地方城市也在大力推出扶持政策,帮助无数青年实现了创新创业梦想。与此同时,青年人有闯劲、有思路、肯吃苦,但是资金缺乏、经验不足、缺乏创业知识、存在普遍的短板,甚至遭到质疑,在创业过程中遇到的各种困难也打击了青年人创业的积极性。就政府相关部门而言,虽然近些年在长三角地区青年创新创业方面不断地研究与探索,但在实践措施上仍然存在政策支撑不足、覆盖面不够等问题,特别是与青年创业的实际期望还存在不小的差距。通过对长三角地区青年创新创业深入研究,精准把握青年创新创业诉求,聚焦资源整合,可以使研究成果为政府及相关部门科学决策提供支撑。

五、 发挥示范作用,创优发展途径

通过政府部门、网络、文献查询等方式获取数据,对长三角青年的创新创业的总体情况、环境现状、投入现状、产出现状等进行分析,掌握长三角青年创新创业的基本情况,从而发现制约青年创新创业的问题,并重点分析长三角青年创新创业现有的政策落实和实施成效,从政策引导、区域优势发挥等方面提出长三角地区青年创新创业发展的对策及建议,为青年创新创业提供参考借鉴,为他们进一步做好创新创业工作指明方向,同时,能够为新时代推进青年创新创业工作提供有效的数据参考。通过对上海、浙江、江苏、安徽三省一市的研究,寻找青年创新创业的共性问题,为其他省市城市提供青年创新创业的示范蓝本,以期在推动青年创新创业方面找到最有效的途径。

第三节　　研究内容

本书旨在系统研究长三角地区青年创新创业工作,主要通过界定长三角、青年、创新创业等概念,对创新创业的外在特性,国内外相关理论、创业政策及案例研究,构建长三角地区青年创新创业发展评价指标体系。同时,对长三角地区青年创新创业发展评价指标测度说明,从长三角地区青年创新创业环境、创新创业投入、创新创业产出等维度进行现状分析及定性和定量评价,完善各类各级指标体系,由此提出长三角青年创新创业发展的针对性对策建议,以完善青年创新创业政策体系,在政府激励创业、社会支持创业、青年勇于创业、高校创新创业教育等方面有着极其重要的现实意义。本书主要包括八章内容以及两篇附录。第一章绪论,第二章国内外研究现状,第三章长三角地区青年创新创业发展评价指标体系构建,第四章长三角地区青年创新创业发展评价指标测度说明,第五章长三角地区青年创新创业环境现状及评价,第六章长三角地区青年创新创业投入现状及评价,第七章长三角地区青年创新创业产出现状及评价,第八章长三角地区青年创新创业发展对策建议,附录1为国外创新创业政策研究,附录2为长三角地区青年创新创业发展大事记。

第二章
国内外研究现状

第一节　相关理论研究

一、创新创业的外在特性

创新创业与传统创业的根本区别在于创业活动中是否包含创新因素,这里的创新不仅包含技术方面的创新,还可以是管理创新、知识创新、组织创新、流程创新、营销创新等方面。换言之,只要是能够给资源带来新价值的活动就属于创新,而在某一个方面或某一些方面进行创新并进而创业的活动,就属于创新创业。目前,我国创新创业形势总体良好,营商环境、新兴产业和创新创业平台建设等方面取得了显著成绩,高质量创新创业工作取得了一定进展,形成了具有中国特色、区域特征、群体特征的良好局面。

(一)环境氛围的基础性

随着各类创新创业活动与实践在全国各地的普遍开展,"双创"宣传持续升级,"大众创业、万众创新"越来越明显地成为中国经济发展的"双引擎"之一,成为创新发展的重要抓手。为营造良好的社会氛围,在更大范围、更高层次、更深程度上推进"双创",国务院决定从 2015 年起设立"全国大众创业万众创新活动周",定于每年 10 月举行,每年设置不同主题。2015 年的主题是"创业创新——汇聚发展新动能",2018 年的主题是"高水平双创,高质量发展",2019 年的主题是"汇聚双创活力　澎湃发展动力"。在全国"双创"活动周期间,通过主题展示、创业代表座谈会、创新创业平台建设推进会、高质量发展论坛、创新创业系列大赛、区域协同创新发展研讨会、重大项目发布及签约等活动,强化了舆论宣传,在全社会营造了创新创业的浓厚氛围。此外,活动周通过展览展示、项目路演、投融资对接、专家论坛、政策宣讲等各类创新创业活动,扩大了创新创业活动及实践的参与群体。另外,创新创业类的赛事持续增多,如由清华大学和中国高校创新创业教育联盟主办的"京津冀—粤港澳"(国际)青年创新创业大赛、"创青春"中国青年创新创业大赛。总体来看,创新创业的作用越来越被广泛认可,"双创"氛围呈现出更加浓厚的态势。

(二)创新创业的联动性

创业的过程,就是创业者寻找和把握机会,创建新组织、新事业、新企业、新岗位,进而开展新业务的过程。于是,在创业过程中,往往蕴含着一定程度的创新。而对于创新而言,企业往往是创新的主体。所以,创新与创业相辅相成、相得益彰。在"双创"人才培养上,注重创新创业教学形态和组织机制的丰富多样,教学形态主要以跨学科的融通为突破口,将理论教学和实践训练相结合,综合运用理论知识传授型教学与创新创业实践能力培养的联动型教学形态。在"双创"活动开展上,将学科竞赛、科研训练与第二课堂、创新创业实践平台相结合,潜移默化地培养创新创业的素质和能力,全方位激发创新创业的灵感与潜能。创新创业是建立在创新基础上的创业,但是由于创新受到人们已有认知和行为习惯等方面的影响,往往会面临被接受的阻碍,因而创新创业通常会面临比传统创业更高的风险。正如彼得·德鲁克(Peter Drucker)所言:真正重大的创新,每成功一个,就有 99 个失败,有 99 个闻所未闻。创新创业是通过对现有技术、产品或者服务的更优化组合,对已有资源的更优化配置,因而能够给客户带来更大、更多的新价值,从而开创所在创业领域的"蓝海",获取更多的竞争优势、更大的回报。创新创业是在创新基础上的创业活动,创新是创业的基础和前提,同时创业又是创新成果的载体和呈现,并在创业活动过程中,不断优化资源配置、总结提炼,以实现创新的更新与升级。创新带动创业,创业促进创新。

(三)载体平台的综合性

在"互联网+"时代,商品及服务提供者与接收者的关系模式已经悄然发生改变,传统的以提供者为中心的模式逐渐演变为以用户为中心的模式,日益强调跨界发展和用户体验。这种用户评价体系正不断倒逼产业转型升级、结构优化。"互联网+"时代的产业转型和服务升级,也对创新创业发展提出了更高要求。创新创业平台是开展"双创"工作的重要载体,是创新创业发展的重要基础。创新创业的载体平台,不仅有众创空间,还有科技企业孵化器等。"双创"平台数量保持快速扩张的势头,根据国家发展和改革委员会高技术司的数据,截至 2018 年底,全国众创空间数量已经达到 5 500 多家,科技企业孵化器超过 4 000 家,中央企业搭建的创新创业平台达到 970 多个。同时,注重加强众创空间的质量建设。2018 年 10 月,科学技术部火炬中心发布《关于公布国家备案众创空间名单的通知》,1 952 家众创空间符合国家备案资格,24 家因连续两次未上报统计数据并不再开展创业孵化服务而被摘牌。为提升技术创新平台,国家发改委印发了《国家产业创新中心建设工作指引(试行)》,旨在促进现有创新资源的联合,打造系统解决方案的产业创新大平台、大团队,支撑世界级新兴产业集群的发展。

二、长三角发展与创新创业

长江三角洲在国家现代化建设大局和全方位开放格局中具有举足轻重的战略地位。国家发改委印发的《长江三角洲城市群发展规划》中就明确:"顺应时代潮流,服务国家现代化建设大局,从战略高度优化提升长三角城市群,打造改革新高地、争当开放新尖兵、带头发展新经济、构筑生态环境新支撑、创造联动发展新模式,建设面向全球、辐射亚太、引领全国的世界级城市群。"同时,《长江三角洲城市群发展规划》对长三角的发展也给出了明确的定位。

(一)最具经济活力的资源配置中心

围绕上海国际经济、金融、贸易、航运中心建设以及中国(上海)自由贸易试验区建设,加快制度创新和先行先试,成为资源配置效率高、辐射带动能力强、市场化法治化国际化制度体系完善的资源配置中心。

(二)具有全球影响力的科技创新高地

瞄准世界科技前沿领域和顶级水平,建立健全符合科技进步规律的体制机制和政策法规,最大限度激发创新主体、创业人才的动力、活力和能力,成为全球创新网络的重要枢纽,以及国际性重大科学发展、原创技术发明和高新科技产业培育的重要策源地。

(三)全球重要的现代服务业和先进制造业中心

加快推进产业跨界融合,重点发展高附加值产业、高增值环节和总部经济,加快培育以技术、品牌、质量、服务为核心的竞争新优势,打造若干规模和水平居国际前列的先进制造产业集群,形成服务经济主导、智能制造支撑的现代产业体系。

(四)亚太地区重要国际门户

服务国家"一带一路"倡议,提高开放型经济发展水平,打造在亚太乃至全球有重要影响力的国际金融服务体系、国际商务服务体系、国际物流网络体系,在更高层次参与国际合作和竞争。

(五)中国新一轮改革开放排头兵

加快推进简政放权、放管结合、优化服务改革,统筹综合配套改革试点和开放平台建设,复制推广自由贸易试验区、自主创新示范区等成熟改革经验,在政府职能转变、要素市场一体化建设、公共服务和社会事业合作、体制机制创新等方面先行先试。在提升利用外资质量和水平、扩大服务业对外开放、集聚国际化人才、探索建立自由贸易港区等方面率先突破,加快探索形成可复制可推广的新经验新模式,形成引领经济发展新常态的体制机制和发展方式。

(六)美丽中国建设示范区

牢固树立并率先践行生态文明理念,依托江河湖海丰富多彩的生态本底,发挥历史文化遗产众多、风景资源独特、水乡聚落点多面广等优势,优化区域空间开发格局,共同建设美丽城镇和乡村,共同打造充满人文魅力和水乡特色的国际休闲消费中心,形成青山常在、绿水长流、空气常新的生态型城市群。

从区域协调发展目标的角度,区域协调发展重点是实现公共服务水平的均等化,使居住在不同区域的人民都能享受到大致相同的公共服务,分享国家快速发展带来的成果和实惠。

近年来,随着由知识积累和技术进步引导的全球化与新经济的蔓延,许多国家和地区对于原有的区域发展战略和区域政策的重点进行了调整,使之适应新的社会经济背景下区域经济的发展,而区域创新理论和实践的发展也使人们意识到,单一地以提供政策优惠和资金支持为主要手段,以促进区域平衡发展为目标的区域政策已不能适应新形势的要求。区域创新理论表明,区域政策的重点应向提高区域创新能力、建立区域创新网络、优化区域创新环境转变。所以,未来区域创新能力必将成为区域协调发展理论与政策研究的重要内容,即注重研究新经济条件下区域经济发展推动因素的转变和区域创新能力在缩小区域发展差距中的作用。

从以上的分析不难看出,无论是我国现在对长三角地区的发展定位,还是从区域发展理论来分析,创新能力已经成为其关键之所在。而在新时代,创新的实现和服务社会都必然离不开"创业",故此,"大众创新、万众创业"应运而生。

习近平总书记高度重视创新创业工作。2016 年 3 月 5 日,习近平总书记在参加上海代表团审议时强调,在五大发展理念中,创新发展理念是方向、是钥匙,要瞄准世界科技前沿,全面提升自主创新能力,力争在基础科技领域作出大的创新、在关键核心技术领域取得大的突破。同时,创新发展居于首要位置,是引领发展的第一动力。在第十九次全国代表大会上,习近平总书记专门就"加强创新创业"作出了重要指示。在 2019 年两会上,习近平总书记再一次强调:"要营造有利于创新创业创造的良好发展环境。要向改革开放要动力,最大限度释放全社会创新创业创造动能。"

北京、上海、广州、深圳和浙江等是我国"双创"活动开展的主要地区,它们的影响力也扩散到以这些地区为中心的京津冀、长三角、珠三角区域,创新创业区域化发展趋势表现明显。北京大学国家发展研究院发表的《中国区域创新创业格局:1990 以后》显示:在中国 20 大最稳定的顶尖创新创业强县数据中,江苏和浙江两省占到 3/4 的比例。陈晓眯在《长三角区域高校创新创业教育探析》中指出:"长三角区域的创新创业生态整体性强,特色和优势鲜明。是以地域相连、文化相通、经济相融的江浙沪三省一市为载体,互融互通、密切联系和协调发展。在长三角区域文化的基本特征中,创新成为文化的核心和灵魂。这种合作创新的内涵塑造着长三角区域内创新创业教育的文化素养,倡导素质教育和培养创新人才是双创人才充分、持续和永久保障的战略基础。"

张耘、吴向阳、胡睿在《国内主要区域创新创业生态系统现状分析》中明确指出:"长三角区域的创新创业环境具有高度一致性,江浙沪三个行政区内的政策、制度、人才、资金、机制等生态环境要素实现无缝对接。创新、创业、创造的氛围共通,且基础设施建设方面呈现高度一体化。以发挥龙头作用的上海创新创业系统为核心,以民营经济为鲜明特色的浙江和外资经济为显著优势的江苏两省为南北两翼,三地融入和对接,各自发挥产业优势、协调发展。"

随着长三角地位的愈加重要和其发展定位的越发清晰,以及人们对创新创业之于长三角地区发展重要性认识的逐步提升,越来越多的政府官员、专家学者对长三角的创新创业提出了新的认识和要求。

(1) 进一步对接科技成果转化。一是使科技创新与科技创业更好地融合;二是使科技成果的转化更好地服务于创新创业;三是推进产学研深度结合,使高校为创新创业提供更多支撑。另外,要推动科技型大中小企业的共同发展。

(2) 进一步加强科创企业服务。一方面,充分利用创新创业大赛这样的工具来支持创业;另一方面,积极推进财政资金与金融资金的深度融合,把提高中小型科技企业的创新能力作为深化科技创业的一个重要举措,鼓励各地增加支撑中小企业的专项投入。

(3) 进一步优化创新创业的生态环境。我国正在深入推进新型城市化道路,我们要使科技创新创业与城市经济建设深度融合,既要使科技创业与国家高新区和自主创新示范区建设深度融合,也要结合区域经济的特点使科技创新创业与区域经济发展更加深入地融合。

(4)进一步完善科技创新创业的政策措施。一方面,从宏观上完善科技创新创业政策,包括一系列规范管理标准等;另一方面,在科技创新政策之中,尤其是财政政策和金融政策融合,出台更多针对性强的举措来推动创新创业深度发展。

(5)进一步提高科技创新创业的孵化质量。进一步完善支撑科技创新创业的平台,包括众创空间、孵化器、加速器、产业园等。在管理上,充分利用市场机制建立优胜劣汰机制,把自由竞争的机制引入科技创新创业整个过程之中,让卓越成长的科技型企业在竞争的环境中发展壮大。

三、 青年发展与长三角发展

中共中央、国务院印发的《中长期青年发展规划(2016—2025 年)》(以下简称《规划》)中指出:"党和国家历来高度重视青年、关怀青年、信任青年,始终坚持把青年作为党和人民事业发展的生力军,为青年在革命、建设、改革中施展才华创造条件、提供舞台;尊重青年敢想敢干、富有梦想的特质,注重激发青年的参与热情和创新活力,引领青年勇开风气之先、走在时代前列;关心、解决青年的现实问题和迫切需求,支持青年在人民的伟大奋斗中实现自己的人生理想。党的十八大以来,以习近平同志为核心的党中央高度重视青年发展事业,反复强调青年一代有理想、有担当,国家就有前途,民族就有希望,实现中华民族伟大复兴就有源源不断的强大力量;进一步明确中国特色社会主义青年运动方向,全面加强对青年的思想政治引领和成长成才服务,制定实施一系列促进青年发展的政策措施,激励引导青年与民族同命运、与祖国共奋进、与时代齐发展,为广大青年指明了正确成长道路,创造了良好成长环境。"与此同时,《规划》还明确了青年的发展目标:广大青年积极践行社会主义核心价值观,中国特色社会主义道路自信、理论自信、制度自信、文化自信进一步增强,思想道德水平和文明素质进一步提高,为实现中国梦而奋斗的共同思想道德基础更加巩固。

青年发展不仅仅是指青年个人随着时间推移而运动,随着条件改变而变化,更是指这种运动和变化是向着更高层次不断进步的。青年发展具有价值指向,意味着可以为青年提供更多的条件、更好的环境,意味着青年在自身素质、社会活动上的进步。简言之,青年发展就是青年的向好变化。

青年的向好变化,意味着青年的充分进步。马克思多次提到人的"一切天赋得到充分发展"。青年充分发展是就青年发展的程度而言的,是指青年"在摆脱了各种内外盲目力量的束缚,使自己的各种需要、能力、活动、关系得到极大程度的丰富和发展,是人的潜质、潜能在新的条件下的更进一步拓展和显示"。对于青年发展,我们需要从潜能、可能的角度去理解。青年发展的潜能是很大的,有更优发展的可能。青年的充分发展是与不充分发展相对应的,指出了青年的各种发展要素向高层次发展的趋势和走向,意味着青年个人发展可能性的释放和提升。青年个人的发展基础是不一样的,青年充分发展是在每一个青年原有发展基础上尽可能大的发展潜力的挖掘,是青年个人当下的自身发展基础与既有发展条件达成的一种现实状态,是对青年原本发展状况的一种超越。

青年发展的前提是社会生产力的发展,青年发展是在社会生产关系的发展中进行的,取决于文化和教育的发展,青年发展的关键是青年自身的社会活动,可见,青年发展依赖于社会的发展。青年从事着生产活动,按照自己的需要参与外部世界的改造,并在改造外部世界的过程中吸取对自身发展有利的积极因素,不断地完善和提升自我。如果说人是生产力诸因素中最活跃、最革命的因素,那么青年就是这种因素中最充满生机和活力的力量。社会生产力的发展为青年个体的发展提供物质基础,青年发展为社会发展提供主体条件、给予青春力量。从整个人类发展的历史来看,社会发展和青年发展的总体方向是一致的,生产力的发展推动社会不断从低级到高级运动,在新的社会形态下青年与其他人一样,将会得到相应的发展,都比先前社会形态下获得更多的自由和解放。

基于以上的分析,我们不难得出:青年发展事关民族和国家的未来,但是青年发展又依赖于社会和区域的发展水平。

随着长三角一体化国家战略的加速实施,一方面,长三角公共服务领域一体化将快速发展,长三角城市群青年将会在民生发展上得到更多的实惠和便利;另一方面,伴随着长三角一体化国家战略的深入推进,越来越多的外来青年来到长三角工作学习、安家落户,长三角公共服务可能面临更多发展不平衡、不充分的问题,青年在就业、住房、教育、医疗、社会保障等方面将会遭遇巨大压力。

张恽、邓蕾、赵文、邱懿、俞晓歆等在共同做的研究《长三角一体化与青年民生发展——基于长三角城市群青年民生调查的发现》中阐述:"长三角更高质量一体化发展,离不开青年参与,需要青年发挥生力军、主力军作用。青年要发挥作用,自身首先要发展;而青年优先发展的重点和难点领域,主要在于民生。纵观世界上其他城市群的发展经验,解决好青年民生问题,是实现城市群与青年协调发展、共同成长的重要前提。青年群体由于其所处的社会化阶段和社会角色地位,极易在教育、就业、消费、医疗、社会保障等民生领域成为脆弱的一环,承受巨大的发展性压力。青年民生问题得不到及时回应和有效处置,所引发的连锁性反应很具有破坏力,整个城市群的经济社会发展可能面临动荡。充分照顾青年人的利益关切和发展需求,解决制约青年发展的突出矛盾和问题,是长三角更高质量一体化发展赢得战略主动、持续活力和长期优势的关键。"

四、 青年与创新创业

青年是未来的建设者和接班人。青年兴则国家兴,青年强则国家强。青年是最朝气蓬勃、最有梦想,也是最具未来的,国家和民族的事业必须依靠青年,才能后继有人。为此,我们也要清醒地认识到,创新动力的不竭涌动,必须依靠青年;创业梦想的持续接力,必须依赖青年。推动新时代青年创新创业具有重要战略意义。

首先,习近平总书记强调青年人是全社会最富有活力、最具有创造性的群体,因此,青年是创新创业的有生力量。与其他群体相比较而言,一是青年极富想象力,也就意味着,青年在具有一定知识和技能的基础上,能有更强的创新事物的能力;二是青年更具创造力,这也意味着青年在自身知识、素养、能力、情商、特性、道德等综合素质能力的基础上,结合其心理活动就能更具有创造新事物或创新事物独特性的能力。

其次,创新是中华民族优良民族禀赋。习近平总书记高度重视创新发展,提出了"必须把创新摆在国家发展全局的核心位置""创新是第一动力""抓创新就是抓发展,谋创新就是谋未来"等重要观点。陈永福、解梦雨在《习近平青年创新创业重要论述的时代意义》中就明确提出："创新之道，唯在得人，创新驱动实质上是人才驱动。走创新发展之路，首先要重视集聚创新人才。只有在'用好、吸引、培养'上寻找突破，才能充分激发人才创新创造活力。新故相推，日生不滞。对于创新型青年人才，习近平明确指出，拥有一大批创新型青年人才，是国家创新活力之所在，也是科技发展希望之所在。这一论述既明确了青年在国家创新战略中的地位与作用，更体现了习近平总书记对青年创新创业的期望与重视。新时代青年要坚持以个体创新促进国家创新，还要以自我创新活力激发国家创新活力。"

最后，习近平总书记强调，全球青年有理想、有担当，人类就有希望，推进人类和平与发展的崇高事业就有源源不断的强大力量。为此，我们应该从马克思关于人的自由全面发展的高度，去更深刻地认识到中国青年应该在新时代更好地投身创新创业，这也是社会进步的必然要求和体现。当然，从个人微观层面，青年也应当自觉地在创新创业浪潮中"勇立潮头"，通过创新创业感悟时代机遇、紧跟时代步伐、顺应时代发展，在创新创业中锤炼自己、提升自己，最大限度挖掘自身潜能，追求人生梦想，实现人生价值，因为只有如此，青年的个人价值实现和社会发展才能真正同频共振。

习近平总书记强调全社会要大力支持青年创新与创业，鼓励青年要有敢为人先的锐气，为创新与创造百折不挠，在立足本职的创新与创造中持续累积经验，在创新与创业中增长智慧才干，在改革开放中闯新路、创事业，为大学生创新与创业提供根本遵循、指明具体的行动方向。凌俊、马云丽、韦联桂在《基于习近平青年教育观的地方高校创新创业教育探究》中阐述："随着第三次科技革命的到来，通过创新创业教育更大规模、更有成效地培育集聚各类创新创业高层次人才，已经成为当前经济与社会高质量发展的形势所必需。国家要发展，就必须把全民创新与创业放在首位。大学生是创新与创业的主力军，就必须支持和培养好他们。"

从国内外学者的研究综合分析来看，青年创新创业，尤其是创业，是一种以青年这一特殊群体为主体的创新创业（或创业）过程。美国的学者 W. B. Gartner 认为：实施创新创业的青年必须具备自我认识、理性且科学的筹划、胆魄、组织领导力、信息及目标控制、紧急应对、自我提升、身心康健、较强人际交往与斡旋等综合素养和全面能力；符昱在分析了青年创业特征后如此定义：青年创业就是青年寻找、发现、抓住创业机会并在精神认识、创业技能、创业资源、创业时间相对匮乏的情形之下开创出全新的能满足市场、社会、国家发展需要的服务与产品，并且在某些层面或程度上获得消费市场认可，同时成立企业的一个行为与过程。范龙、尹琦（2007）认为，青年创业的选择性形态有三种：专业自己聘雇型、相互结合型和创新产品（服务）型，通过实践论证和调研分析，"专业自己聘雇型"是相对于其他两个类型较为适合我国现状和我国大学生基本状态的，对应于该种类型，提出"创业的青年相对合理的是要和专业相结合"的"专业型青年创业"理念。徐园媛在其调查报告中提道：在创业过程当中，青年存在着较多的问题，比如认识不清、定位不明、条件缺乏、定力不足、教育度不够等。需要从大学生提升自身素质、高校加强创业教育、政府出台照顾政策等方面来解决大学生在创业过程中出现的问题。王玲、任启则表示目前我国青年创业已经有了一些规模和发展，但是青年在创业过程中仍然存在着无法突破的瓶颈，这些瓶颈的产生是由"科学理性"思想而来，他们认为"科学理性"思想对创业成功的大学生起到了至关重要的作用，但随着大学生创业人员、创业项目数量的不断增加，大学生创业的影响力、认可度和支持力不断扩大，"科学理性"思想的认同和运用显得尤为困难。

从国内外专家学者对于青年创新创业的论述中不难看出,其对青年创新创业的必要性、发展性和可行性基本上持积极态度。但是,较多专家学者均提出了"双创能力是制约青年创新创业的关键"的观点,对"创业能力"更是尤为关注。

首先,创业者在创业时需要自我评估完成具体创业行为所具备的能力,从创业成长和创业绩效的角度考察创业能力(Chandler,1992);创业者在创业时需要有坚定的信念,从是否有能力创业成功的信念程度考察创业能力(Chen,1998;Noble,1999);创业能力是一种独特的动态能力,可通过教育学习培养提高(Zahra,2011;Bacigalupo,2016)。

其次,Nicolaou 等(2008)、Georgvon(2010)、王东霞(2010)、Clarysse(2011)等认为个体遗传基因差异与机会识别能力相关,是创新创业能力差异的主要来源,能够解释60%的创业成败。Agbim 等(2013)认为创新创业能力与企业家精神紧密相关,包含了技能、态度、价值观等多种要素,对新创企业的绩效和成长有显著影响。创新创业教育是大学生创业能力发展的根基,杰弗里·A.蒂蒙斯(Jeffry A. Timmons)强调,要以前瞻性理念来组织创新创业教育,以系统性课程来培养创业能力,其中的工作重点是案例分析和"以问题为中心"。Kent 和 Anderson(2004)提出将合作精神、社会交往能力、创业意识等纳入创新创业教育培养内容中。Kenworthy(2008)提出将"商业失败"列为创新创业教育课程的内容。徐可等(2018)研究表明,创业导向显著影响创新驱动;文化程度、社交能力、年龄、从事的电商领域都会影响创业行为。熊智伟(2018)研究表明,创业精神、创业团队、项目选择、营销技能是大学生创业失败的最主要原因。刘滨等(2019)认为社会使命感、同理心和机会识别是推动社会创业的重要动力。黄兆信、黄扬杰(2019)认为创业政策、创业师资、创业课程、创业竞赛对提升大学生创业有重要帮助,组织领导是影响创新创业教育质量的最主要因素,创业实践是影响培养学生创业意愿、技能知识等的最主要因素。

最后,Mcclelland(1973)提出,创新创业能力的个人特征包括动机、特质、自我形象、态度或价值观、某领域知识、认知或行为技能等。G. N. Chandler,S. H. Hanks(1993)将创新创业能力划分为识别与利用机会的能力、概念性能力、坚持不懈的能力、人力能力、政策性能力、技术能力等六大维度。Thomas(2002)基于过程观而提出的创业胜任力有机会、关系、概念、组织、战略、承诺六个不同维度。牛芳、张玉利、田莉(2012)考察了自信、乐观对企业绩效的影响。郭润萍、蔡莉(2017)揭示了双元知识整合、创业能力与高技术新企业绩效之间的关系。徐小洲(2109)提出VPR(价值评价value、过程评价process 和结果评价result)三维三级创新创业教育评价的理论结构模型。欧盟委员会联合研究中心(European Commission Joint Research Centre,EC-JRC)在其2019年发布的《欧盟创业能力框架》中划分了创业能力的3类领域:想法与机会、资源、行动,阐释了15种具体的创业能力,设计了8个层次的创业能力学习进阶模型,开发了60个创业能力观测点和442条创业能力学习结果指标。

第二节　创新创业评价的相关研究

一、创业评价体系的研究

国外有关创业的评价体系主要有四个:全球创业观察(GEM)、全球创业与发展指数

（GEDI）、营商便利度和考夫曼创业活动指数，具体指标体系见表2-1。全球创业观察指标体系是评价创业较为权威的指标体系，该报告依据当年的经济社会发展形势，有不同的侧重点，该体系在设立指标时，将创业者自身属性与社会属性、社会价值联系。全球创业与发展指数从创业者出发，以客观的条件衡量创业者主观的创业态度、能力和意愿，且这三方面往往随经济社会经济发展水平动态变化，并产生交互作用。营商便利度则基于企业的角度，从监管和法律两方面评估企业创业的保障。考夫曼创业活动指数是美国第一个大规模对各地区进行创业分析的指标体系，从企业家、创业机会和创业规模三方面展开。

表 2-1　国内外主要创业评价指标体系

指 标 体 系	主 要 指 标			主要优缺点
	一级指标	二级指标	三级指标	
全球创业观察	要素驱动 效率驱动 创新驱动	19	—	每一年侧重点有所不同，符合经济社会发展需求
全球创业与发展指数	创业态度 创业能力 创业意愿	14	28	定性与定量相结合，加入创业的商业化模式变化的评估
营商便利度	监管复杂性及成本 法律强度	14	—	加入了监管和法律方面保障的评估，但指标体系过于简单
考夫曼创业活动指数	企业家 创业机会 创业规模	3	—	每一个指标仅用少数具体指标表示，过于简单
区域创业环境评价指标体系	自然环境 经济环境 法律政策环境 创业服务环境 智力支撑环境 文化环境	17	38	侧重对创业环境评估，涉及面比较全
中国城市创业指数 （创新型创业指数指标体系）	政策支持 市场环境 文化环境 创业者活动	16	16	两部分指标相互联系，又有所区别，在一级指标上相同，二级和三级指标上有所区分，评估不同类型城市的创业水平具有区分度，但在总体评估时，若采用两套指标体系，易产生无法比较的问题
中国城市创业指数 （产业型创业指数指标体系）	政策支持 市场环境 文化环境 创业者活动	17	17	

　　国内较为综合的创业评估体系有区域创业环境评价指标体系、中国城市创业指数等（表2-1）。城市创业环境评价指标体系针对创业环境进行评价，主要分为能源、邮电通信、市政等硬环境指标，以及制度、管理、人文等软环境指标两部分。中国城市创业指数也从创业活动的外部环境和内在条件建立指标体系，主要可分为创新型和产业型两部分，两部分创业

指数指标分体系在三级指标上有所区分,前者侧重对科技创新意识、投入与产出的衡量;后者则侧重评估工业企业的发展。此外,卿涛、古银华针对政策评估,建立了"三维一体"的创业政策评估方式,分析了创业政策的合理性与科学性,可借鉴该方法作为制度、政策等定性指标的评估方法。综合内外创业评估体系可以发现,其主要归纳为外在环境和创业者内在的素质两部分,外在的环境指标包括了政府、金融、市场等资源支持情况以及基础设施、能源、文化等创业环境情况,而创业者内在素质则从创业者能力、意愿等方面展开。

二、 创新评价体系研究

目前国际上主要有四个创新评价体系:全球创新指数(Global Innovation Index,GII),欧盟创新指数(Summary Innovation Index,SII),硅谷指数[由硅谷联合投资(Joint Venture Silicon Valley,JVSV)首创],全球知识竞争力指数(World Knowledge Competition Index,WKCI),具体内容见表2-2。全球创新指数是能够较为全面且量化地评价一个地区创新水平的体系,严格区分了创新投入指数和创新产出指数,继而测算地区创新效率。欧盟创新指数和全球知识竞争力指数两个指标体系较为相似,都是从人力、物力、财力等方面衡量创新基础,同时加入创新产出以及可持续性等指标衡量创新效果。硅谷指数指标体系则侧重于创新基本条件的衡量,包括经济社会发展、社会管理等。

表 2-2 国内外主要创新评价指标体系

指标体系	主要指标			主要优缺点
	一级指标	二级指标	三级指标	
全球创新指数	创新投入指数 创新产出指数	7	21	应用于各个国家创新能力的衡量,发现各个国家创新不足之处,预测未来发展趋势,是各国评估创新的重要参考依据
欧盟创新指数	人力资源 知识生产 知识传播与应用 创新金融、创新产出与创新市场	7	12	该指标体系最初用于评估欧盟各国的创新水平,后也用于评估日本、金砖国家等快速发展国家,所以该体系适用于发达或较为发达的地区,对创新落后地区有所欠缺
硅谷指数	人口 经济 社会 空间 管理	8	80	能够全面、宏观地反映社会经济发展较为发达地区的创新情况,但对于微观面的指标不多,不适用于发展水平低的地区

续表

指标体系	主要指标			主要优缺点
	一级指标	二级指标	三级指标	
全球知识竞争力指数	人力资本 知识资本 金融资本 经济产出 知识可持续性	19	—	主要是针对知识经济作出的指标体系,但未对创新产出设立指标
国家创新能力评价指标体系	创新资源 知识创造 企业创新 创新绩效 创新环境	33	—	设立较为全面的评估创新的指标体系,同时包含了创新环境等客观条件
中关村指数	创新环境 创新能力 产业发展 企业成长 辐射带动 国际化	14	38	比较微观具体,但是在人文、社会、行政等方面的指标涉及不多,适用于高技术企业创新评估
中国区域创新能力评价报告指标体系	知识创造 知识获取 企业创新 创新环境 创新绩效	20	137	对区域创新能力有全面的评估,但三级评价指标过于复杂,部分指标重复
企业创新能力评价指标体系	创新投入能力 创新研发能力 创新生产能力 创新产出能力 创新营销能力 创新管理能力	13	20	综合参考了企业各创新体系,适用于微观评估,部分指标的描述有所重复,比如创新效率在创新研发和创新生产中均有出现

　　国内的许多创新评估体系在参考国际评估体系的基础上,对创新指标体系进行了调整和补充,并且大多将创新环境单列出来进行评估。其中,国家创新能力评价指标体系是我国在创新驱动发展战略和创新型国家建设的发展要求下提出的,突出衡量各个国家和地区的综合创新能力,反映我国与科技发达国家之间的差距。中关村指数主要用于评估北京高技术企业的发展情况,侧重于分析创新企业的创新能力、环境、发展等方面。《中国区域创新能力评价报告》在区域科技创新方面建立了较为完整的评估体系,也通过创新产出间接反映体制、政策及政府效率等方面的绩效。企业创新能力评价指标体系从微观着手,依据企业自身的发展水平和创新能力建立指标体系,意在评估企业在技术创新方面做出的成就。

　　国内外创新评估往往是通过对创新投入—产出绩效展开,在创新投入方面,包括政策、人力、资金、物力等;在创新产出方面,包括专利、新产品产值、技术贸易等,同时,部分指标体系也考虑产业、经济、社会发展水平等客观因素。

综合国内外创新创业的指标体系,主要可分为三个方面:一是对创业创新环境的评估,该部分的评估体系较为完整和健全,但是不同评估体系的侧重点有所不同,本书在选取指标体系时,综合选取囊括创业环境和创新环境两部分的指标;二是在政策、制度方面,评估难度较大,且我国起步较晚,"双创"方面的政策和制度体系的评估也相对较少,采用满意度调查与政府科技投入等指标进行考察;三是对创业创新绩效的评估,在这部分的评估中,往往注重的是投入—产出的效果,也可侧面反映出政策实施的效果。所以本书综合国内外创新创业评价体系,结合国务院在"大众创业、万众创新"的实施意见中对创业环境、创业活力、创新创业政策等方面提出的建设思路,建立"双创"评估体系,并对评价方法进行探讨,意在为我国各地区"双创"评估提供具有价值性的参考。

第三章
长三角地区青年创新创业发展评价指标体系构建

借鉴已有创新创业测度的原理与思想，从统计测度理论出发，结合青年创新创业的发展性、结果性特点，构建青年创新创业评价指标体系。

第一节　创新创业测度的概念

在有关创新创业测度的研究中，测度包含两方面的内容：一是测度的对象，如科技进步率；二是测度的结果，如创新创业对经济增长的贡献率。创新创业的测度首先应体现出测度的特征，即运用经验数据和统计数据研究创新创业。但是创新创业测度一般不是单纯的创新和创业研究中测度方法的使用，而是在创新创业内涵解析的基础上，结合已有的相关研究与长三角青年创新创业的特点，构建青年创新创业活动的全面而系统的评价体系。

创新创业的测度研究是指以创新创业活动的统计数据为基础，对创新创业进行系统、定量的实证研究。

第二节　创新创业指标的概念

指标，是指衡量目标的参数，或者预期中希望达到的指数、规格、标准，一般用数据表示。人们之所以需要指标，是因为理论和概念固然有助于理解和认识世界，并指导人们的行为方式和确立行动目标，但却还不足够。当我们满怀信心向着已经确立的目标前进时，首要的是必须弄清楚两个基本问题："我们身处何处""我们将向何处去"。否则，所处状态不清楚，所付努力往往会盲目，其成功的可能性更会大打折扣。故而，在概念和理论之外，通常还需要指标，以使理论和概念更易于把握与操作，前进的方向和目标也更明确与清晰，从而行动和努力可以更有效地掌控。

指标就是帮助人们理解事物如何随时间变化的定量化信息，不同于一般的统计数据，指标应是在原始统计数据基础上通过整理和分析得到的、可以反映事物本质特征的信息，是统计理论和实践操作相结合而形成的。

对于统计指标，一般具备以下基本特征：①含义明确具体；②可以定量化；③易于解释和说明;④能概括地反映事物或现象的关键因素;⑤具有时间上的动态性,对事物变化敏感;⑥是一定复杂事物的替代物,力求逼真但却不能等同。

根据不同的分类标准,指标可划分为不同的类别:如经济指标和非经济指标,数量指标(即总量指标)和质量指标(即与数量指标相比较得到的平均量和相对量指标),肯定指标、中性指标和否定指标,客观指标和主观指标,描述性指标和评价性指标等。

对于青年创新创业发展的评价,单个指标通常难以反映其主要特征,因而需要若干个具有内在联系的指标,按一定的结构与层次组合在一起构成指标体系,以便更全面、更系统地反映创新创业活动。当然,指标体系并非多个指标的任意叠加和简单堆砌,而是从"体系"的角度,强调各个指标都紧紧围绕青年创新创业发展评价这个共同的主题和核心,指标之间既需要具有一定的内在联系,又需要尽可能消除指标信息上的相关和重复,指标的组合应具有一定的结构层次。总而言之,指标体系应是由反映青年创新创业活动各个侧面的多个指标组成的有机整体。

第三节　创新创业指标体系构建原则

为了科学、客观地对长三角地区各城市创新创业发展形势作出判断,对发展绩效进行评价,进而为高等院校创新创业人才培养、政府创新创业决策提供依据,同时为了更好地发挥指标体系的各项功能,结合对国内外创新创业活动的考察比较分析,在构建指标体系和选取指标时必须遵守一些基本原则。

(1)全面。尽可能包含从各个方面、各个角度反映青年创新创业发展的指标,以综合反映区域在创新创业方面的优势和劣势、能力和绩效。

(2)科学。评价指标体系的建立应结合青年创新创业实际,根据区域青年创新创业的系统构成的特点选择指标体系,力求反映区域青年创新创业的本质。

(3)规范。无论是从指标名称、统计口径上,还是从计算方法上,都力求符合统计规范。生成评价指标的基础数据均为纳入政府统计调查制度,以国家或部门统计标准计算的统计指标。

(4)公开。生成评价指标的基础数据均来源于政府统计公开出版物或官方网站,以便社会各界进行核实和索引。

(5)相对指标为主。突出青年创新创业带来的竞争能力。

(6)总量指标为辅。兼顾区域之间的平衡。

第四节　创新创业指标体系涵盖内容

正确理解创新创业概念和准确把握区域青年创新创业的基本特征是进行区域青年创新创业能力评价的重要环节。青年创新创业能力评价体系建立过程中对与区域创新、创新城市、区域创新创业评价有关的研究成果进行系统深入研究,特别是参考了世界知识产权组织(WIPO)的《全球创新指数报告》、全球创业发展研究院的《全球创业指数报告》,国内较为知名的科学技术部的《中国区域创新能力监测报告》、中国科学技术发展战略研究院的《中国区域科技创新评价报告》、国家信息中心（中国创新创业发展研究中心）的《中国城市创新创业生态指数》、北京大学国家发展研究院的《中国区域创新创业指数》。

因此，基于已有的"双创"指数的编制思想，充分借鉴投入产出原理，从创新创业环境（条件）、创新创业行为（投入）和创新创业效能（产出）三个方面统筹考虑，建立密切结合青年创新创业发展实际的"环境—行为—效能"分析框架，如图3-1所示。

进而，围绕创新创业环境、创新创业行为和创新创业效能等多元视角，构建青年创新创业发展评价指标体系，也即，评价指标体系包含以下几个方面。

（1）理想的创新创业环境。创新创业以具有较高的经济发展水平为条件，并且需要具有丰富的、可持续的创新创业人力资源，社会各界对创新创业的重视以及较高的社会信息化水平。

（2）积极的创新创业行为。没有创新创业投入就难以有效开展创新创业活动，包括政府财政投入、高校教育投入。青年创新创业水平的高低特别体现为政府部门对创新创业的重视程度。

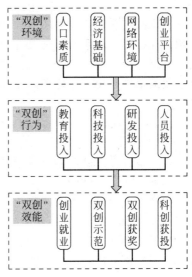

图 3-1　青年创新创业评价分析框架

（3）不断涌现的"双创"效能。创新创业产出是创新创业发展水平的重要体现。创新创业活动的大力开展，有利于提高青年学生的就业率、创业率，有利于增强学生的科研素质，有利于增加初创企业数量、吸引更多风险投资。

第五节　创新创业指标体系整体框架

在《奥斯陆手册：创新数据的采集和解释指南》（*Oslo Manual*）（以下简称《奥斯陆手册》）中，指标可以是二元的是/否数据，即某一因素是重要的还是不重要的。指标也可以是对因素按重要性排序，首先确定某一因素是否相关，然后从1（不重要）到5（非常重要）排序。但是，手册中没有具体界定创新创业的指标。创新创业评价指标是对创新创业活动特征的定量描述，创新创业指标应是一个由多功能指标组成的指标体系。

一、描述性指标和评价性指标

从创新创业指标反映创新创业现象的不同特性出发，青年创新创业发展指标可分为描述性指标和评价性指标两类。描述性指标是对创新创业主体客观现象的描述。由于此类指标不能与一定的理论、模型和目标相联系，因而仅仅反映创新创业的现象本身，并不能说明相应价值的大小。例如，新产品销售收入、科技创新投入等，如果没有比较，这些数字本身并不能说明什么本质问题。评价性指标，也被称为分析性指标或诊断性指标，是指能够反映出创新创业优劣程度的指标。此类指标通常是根据一定目的将两种或两种以上的描述性指标组合而成的。例如，将创新创业投入与创新创业产出相比较以说明创新创业的绩效。

二、 观察性指标和预测性指标

从反映创新创业现象的时间顺序上来看,青年创新创业发展的指标可分为观察性指标和预测性指标。观察性指标又称为信息性指标,反映已经发生的创新创业行为及结果,其作用是理解过去、及时反映现在。预测性指标是指在认识过去及现在的基础上能够在一定程度上预测未来。投入指标即属于预测性指标,而产出指标则属于观察性指标。

三、 投入指标、实施指标和产出指标

投入指标是指创新创业过程中能够发挥作用的可供资源构成的指标,包括有形资源(要素)(如 R&D 投入)和无形资源(要素)(如创新目标、创新战略、创新思想等)。实施指标属于一种介于投入与产出中间形态的指标,是创新创业过程中反映每个子过程状态的指标。例如,反映创新创业类竞赛获奖数量。如果以某个子过程为研究对象,则中间状态的实施指标由该子过程的投入指标、实施指标和产出指标构成。在青年创新创业发展评价中,实施指标是指创新创业过程中投入指标和产出指标之外的指标。产出指标是结果性指标,主要用以评价创新创业的产出成果。例如,反映创新创业的收益性指标(如高校毕业生创业率),反映创新创业产出的技术性指标(如新增科技企业孵化器在孵企业),反映创新创业产出的竞争性指标(如创新创业类竞赛获奖数)。

基于区域青年创新创业能力的基本特征,指标数据的可获得性和数据质量,通过创新创业环境、创新创业投入和创新创业产出 3 个一级指标和 17 个二级指标构建区域青年创新创业发展评价指标体系,如表 3-1 所示。

表 3-1　青年创新创业发展评价指标体系

一级指标	二级指标
创新创业环境	万人大专以上学历人数(人/万人)
	信息传输、计算机服务和软件业固定资产投资占全部固定资产投资比重(%)
	百户接入互联网计算机台数(台/百户)
	人均地区生产总值(元/人)
	亿人创业园数量(家/亿人)
	亿人双创示范基地数量(个/亿人)
创新创业投入	研究与发展(R&D)经费支出与地区生产总值比例(%)
	财政性教育经费支出与地区生产总值比例(%)
	地方财政科技支出占地方财政支出比重(%)
	万人研究与发展(R&D)人员数[人年(全时当量)/万人]
	高等学校生均研究与发展投入经费(元/人)
创新创业产出	高校毕业生就业率(%)
	高校毕业生创业率(%)
	万人创新创业类竞赛获奖数(项/万人)
	全国深化创新创业教育改革示范高校比例(%)
	科技企业孵化器当年获得风险投资额(万元)
	众创空间企业当年获得投资总额(万元)

第六节　创新创业统计指标解释

青年创新创业发展各项指标的数据,主要来源于《中国统计年鉴2021》以及长三角地区三省一市2021年的统计年鉴,有关科技数据来源于《中国科技统计年鉴2021》,就业、创业数据经对各高校公布的就业质量报告整理而得,创新创业类获奖数经由"挑战杯"全国大学生课外学术实践竞赛与"互联网＋"大学生创新创业大赛整理而得,全国深化创新创业教育改革示范高校来源于教育部的"双创示范高校"的公布文件。下面简要介绍各项指标数据的收集与整理。

(1) 万人大专以上学历人数 X_{11}:全国各地区人口的受教育程度见《中国统计年鉴2021》表2-25,各个地区的常住人口见表2-10,由大专以上学历人数除以常住人口总数可得万人大专以上学历人数。

(2) 信息传输、计算机服务和软件业固定资产投资占全部固定资产投资比重 X_{12}:固定资产投资按产业划分见《中国统计年鉴2021》表10-5,信息传输、计算机服务和软件业固定资产投资见表10-18,由信息传输、计算机服务和软件业固定资产投资除以全部固定资产投资即得。

(3) 百户接入互联网计算机台数 X_{13}:每百户居民拥有的计算机台数见《中国统计年鉴2021》表6-22,每百户居民接入互联网的计算机台数分别见《上海统计年鉴2021》表10.15、《江苏统计年鉴2021》表5-13、《浙江统计年鉴2021》表5-17、《安徽统计年鉴2021》表9-7。

(4) 人均地区生产总值 X_{14}:见《中国统计年鉴2021》表3-9。

(5) 亿人创业园数量 X_{15}:查询政府工作报告等相关资料,获取长三角地区三省一市各级各类创业园的总数,再除以常住人口数得到。

(6) 亿人双创示范基地数量 X_{16}:在截至2018年全国"双创"区域示范基地中,沪苏浙皖的数量分别为2、2、4、2,利用双创示范基地数除以相应的各地常住人口数即得亿人双创示范基地数量。

(7) 研究与发展(R&D)经费支出与地区生产总值比例 X_{21}:研究与发展是指在科学技术领域,为进行知识创造和知识应用而进行的系统的创造性的活动,是人们不断探索、发现和应用新知识的连续过程,包括基础研究、应用研究、试验发展三类活动。国际上通常采用R&D活动的规模和强度指标反映一国的科技投入强度和实力。研究与发展经费支出见《中国统计年鉴2021》表20-7,地区生产总值见表3-9,由研发经费支出与地区生产总值可计算得到二者之比。

(8) 财政性教育经费支出与地区生产总值比例 X_{22}:国家财政性教育经费包括公共财政预算教育经费、各级政府征收用于教育的税费、企业办学中的企业拨款、校办产业和社会服务收入用于教育的经费和其他属于国家财政性教育经费,财政性教育经费支出占国内生产总值比例衡量的是教育投入的强度,财政性教育经费支出见《中国统计年鉴2021》表7-6,地区生产总值见表1-5。

(9) 地方财政科技支出占地方财政支出比重 X_{23}:地方一般公共预算支出及科学技术支出均来自《中国统计年鉴2021》表7-6,由科技支出除以预算总支出即得,地方财政科技支出占地方财政支出比重衡量的是科学技术投入的强度。

（10）万人研究与发展（R&D）人员数 X_{24}：研究与发展人员数来源于《中国统计年鉴2021》表 20-7，再除以常住人口数即得，该指标也属于强度指标，但与一般指标不同，它事实上是通过对研发情况进行加权而得到的。

（11）高等学校生均研究与发展投入经费 X_{25}：由《上海统计年鉴2021》表 20.21 可得上海高等学校研究与发展经费支出，由表 21.3 可得上海高校在校生数；由《江苏统计年鉴2021》表 15-9 可得江苏高等学校研究与发展经费支出，由表 15-14 可得江苏高校在校生数；由《浙江统计年鉴2021》表 14-13 可得浙江高等学校研究与发展经费支出，由表 14-1 可得浙江高校在校生数；由《安徽统计年鉴2021》表 19-29 可得安徽高等学校研究与发展经费支出，由表 19-1 可得安徽高校在校生数。

（12）高校毕业生就业率 X_{31}：为便于各高校统一就业率的计算与发布，教育部学生司出台了《教育部学生司关于高校毕业生初次就业率的统计方法和内容说明》。根据长三角三省一市《2018 届普通高校毕业生就业质量年度报告》公布的就业数据，这里采用的是截至2018 年 8 月底的初次就业率。

（13）高校毕业生创业率 X_{32}：根据长三角三省一市《2021 届普通高校毕业生就业质量年度报告》中公布的对 2018 届毕业生调查的创业数据，这里采用的是截至 2018 年 8 月底的创业率。

（14）万人创新创业类竞赛获奖数 X_{33}：全国范围内面向青年的创新创业类竞赛主要有"互联网＋"大学生创新创业大赛、"挑战杯"大学生课外学术实践竞赛。鉴于"挑战杯"竞赛共有两个并列项目：一个是"挑战杯"中国大学生创业计划竞赛（简称"小挑"）；另一个则是"挑战杯"全国大学生课外学术科技作品竞赛（简称"大挑"），这两个项目的全国竞赛交叉轮流开展，每个项目每两年举办一届，因此该项指标在统计时以两年为单位进行核算。"小挑"设置金奖、银奖、铜奖 3 个奖项，"大挑"设置特等奖、一等奖、二等奖、三等奖 4 个奖项，"互联网＋"大赛设置冠军、亚军、季军、金奖、银奖、铜奖共 6 个奖项以及"最佳创意""最具商业价值""最佳带动就业"等若干单项奖。借鉴中国高等教育学会全国普通高校学科竞赛评估的规则及体育赛事的计分规则，获奖等级按照一定级差赋以相应的权重，冠军、亚军（单项冠军）、季军、特等奖、金奖（一等奖）、银奖（二等奖）、铜奖（三等奖）的权重之比为 100：70：50：35：12：5：2，根据项目等级、项目类型和获奖数量等因素赋予"挑战杯"与"互联网＋"两项赛事的权重之比为 4：6。

（15）全国深化创新创业教育改革示范高校比例 X_{34}：截至 2018 年，沪苏浙皖"双创示范高校"的数量分别为 6、12、10、8，各地区高校数量见《中国统计年鉴2021》表 21-15。

（16）科技企业孵化器当年获得风险投资额 X_{35}：各地区 2018 年度获得的风险投资见《中国科技统计年鉴2021》表 9-14。

（17）众创空间企业当年获得投资总额 X_{36}：长三角地区众创空间企业 2018 年度获得的投资总额见《中国科技统计年鉴2021》表 9-16。

整理后的数据如表 3-2 所示。

表 3-2 长三角地区青年创新创业评价指标数据

地区	X_{11}	X_{12}	X_{13}	X_{14}	X_{15}	X_{16}	X_{21}	X_{22}	X_{23}
上海	3 169.6	1.85	95.0	134 982	156.8	8.25	1.70	2.81	5.11
江苏	1 492.5	0.96	55.8	115 168	290.6	2.48	2.19	2.22	4.35
浙江	1 588.8	1.02	64.7	98 643	214.4	6.97	2.04	2.80	4.40
安徽	1 226.8	0.71	49.7	47 712	325.7	3.16	1.66	3.71	4.49

地区	X_{24}	X_{25}	X_{31}	X_{32}	X_{33}	X_{34}	X_{35}	X_{36}	
上海	187.92	24 123.2	97.15	8.52	6.99	9.38	940 956.3	852 474	
江苏	48.96	6 982.7	88.99	6.43	4.56	7.19	940 841.7	322 141	
浙江	18.61	6 566.3	96.75	9.57	5.28	9.26	437 210.8	451 429	
安徽	19.09	795.8	90.26	2.35	1.37	6.72	75 047.6	45 888	

第七节 创新创业发展综合评价方法

熵权法是综合评价中常用的赋权方法。根据信息论的基本观点,信息是系统有序程度的一种度量,而熵是系统无序程度的一种度量。基于信息熵的概念,对于某项指标,可以利用熵值来判断离散程度,其熵值越小,指标的离散程度越大,则该指标对综合评价的影响(即权重)也就越大;如果某项指标的熵值全部相等,则该指标在综合评价中不起任何作用。因此,可利用信息熵这一工具,计算出各个评价指标的权重,进而为多指标综合评价提供依据。熵权法就是根据各个评价指标提供的信息客观确定其权重。作为权重的熵权,不仅能客观体现决策时某项指标在指标体系中的重要程度,而且能突出地反映指标权重随时间变化的状况,因而非常适合青年创新创业评价研究。

TOPSIS 法是多目标决策分析中常用的有效方法,又称优劣解距离法。TOPSIS 法是 C. L. Hwang 和 K. Yoon 于 1981 年首次提出的,TOPSIS 法根据已有若干个评价对象与理想目标的接近程度进行排序,基于现有对象进行相对优劣的综合评价。其基本原理是,通过考察评价对象与最优解、最劣解的距离来进行排序,若评价对象距离最优解最近同时距离最劣解最远,则为最好,否则为最差,其中最优解的各指标都达到各评价指标的最优值,最劣解的各指标都达到各评价指标的最差值。TOPSIS 法的核心思想是给出评价对象到最优解和最劣解的距离,最后计算各个评价对象与理想解的相对贴近度,进行对象的优劣排序。

将熵权法与 TOPSIS 法相结合,可以有效地消除 TOPSIS 法权重确定的主观因素的影响,通过熵权法确定评价指标的权重,再借助 TOPSIS 法利用逼近理想解的技术确定评价对象的排序,以优势互补。

现在考虑一个由一级指标、二级指标等多层次评价指标构成的评价体系,每个上级指标及其若干个下级指标之间可视为一个由 n 个样本、p 个评价指标构成的信息系统,系统的初始度量矩阵为 $\boldsymbol{X} = [x_{ij}]_{n \times p}$ ($i = 1, 2, \cdots, n; j = 1, 2, \cdots, p$),熵权 TOPSIS 法的主要计算步骤如下。

一、 度量矩阵的标准化

由于系统的各个指标在量纲、正负取向上可能有差异,首先需要对初始数据进行标准化。数据标准化的步骤如下:对指标进行分类,按照指标的属性分为效益型、成本型两类,对于效益型指标,其数值越大越好,而对于成本型指标,其数值越小越好,因此对于指标 j,记度量矩阵中的最大者、最小者分别为 $\bar{x}_j$、$\underline{x}_j$,若为效益型指标,则定义

$$y_{ij} = \frac{x_{ij} - \underline{x}_j}{\bar{x}_j - \underline{x}_j}$$

若为成本型指标,则定义

$$y_{ij} = \frac{\bar{x}_j - x_{ij}}{\bar{x}_j - \underline{x}_j}$$

y_{ij} 即为 x_{ij} 的标准化值,由 $y_{ij}(i=1,\cdots,n;\ j=1,\cdots,p)$ 构成的矩阵 $\boldsymbol{Y} = [y_{ij}]_{n \times p}$ 即为标准化矩阵,且 $y_{ij} \in [0,1]$。

二、 计算指标的信息熵与效用

第 j 个指标的信息熵为

$$e_j = -\frac{1}{\ln n} \sum_{i=1}^{n} y_{ij} \ln y_{ij}$$

(规定当 $y_{ij}=0$ 时, $y_{ij} \ln y_{ij}=0$),并定义其信息效用为 $d_j = 1 - e_j$,信息效用刻画了信息系统的有序状况,若信息系统完全无序,则其信息熵为 1,从而信息效用为 0;反之,则信息熵为 0 而效用为 1。

三、 确定各指标的权重

熵值法的实质是利用各个评价指标的效用来确定指标的权重,指标的信息效用越大,则其对系统评价的重要性越大,从而其权重也越大,因而第 j 个指标的客观权重定义为

$$\omega_j = \frac{d_j}{\sum_{j=1}^{p} d_j} = \frac{1 - e_j}{p - \sum_{j=1}^{p} e_j}$$

其中, $\omega_j \in [0,1]$,且 $\sum_{j=1}^{p} \omega_j = 1$。

四、 构造加权度量矩阵

将评价指标映射到新的"度量空间",即可得到第 i 个样本的新的度量数值:

$$r_{ij} = \omega_j \cdot y_{ij}$$

进而得到新的加权度量矩阵 $\boldsymbol{R}=[r_{ij}]_{n\times p}(i=1,2,\cdots,n;\ j=1,2,\cdots,p)$。

五、 确定最优解和最劣解

定义最优解：

$$S^+=(s_1^+,s_2^+,\cdots,s_p^+)$$

其中, $s_j^+=\max_i\{r_{ij}\}$。类似地, 定义最劣解：

$$S^-=(s_1^-,s_2^-,\cdots,s_p^-)$$

其中, $s_j^-=\min_i\{r_{ij}\}$。

六、 计算各样本与最优解和最劣解的距离

根据 Euclid 距离公式, 分别计算各个样本与最优解与最劣解的 Euclid 距离：

$$D_i^+=\Big[\sum_{j=1}^{p}(r_{ij}-s_j^+)^2\Big]^{1/2},\quad D_i^-=\Big[\sum_{j=1}^{p}(r_{ij}-s_j^-)^2\Big]^{1/2}$$

七、 计算综合评价得分

基于评价对象与最优解、最劣解的距离, 计算综合评价得分

$$C_i=\frac{D_i^-}{D_i^++D_i^-}$$

由此确定各个评价对象与理想解的相对贴近度, C_i 值越大, 表面评价对象越好, 进而可以评价对象的优劣排序。

第四章
长三角地区青年创新创业发展评价指标测度说明

推进青年创新创业发展,对于打造"双创"升级版,提升科技创新和产业发展活力,创造优质供给和扩大有效需求,增强经济发展内生动力,具有重要意义。测度长三角地区青年创新创业发展状况,依赖于系统、科学、全面的评价指标体系。

第一节　创新创业测度研究现状

测度的含义是把非数字世界的某种状态转换为数字世界中的状态。例如,把创新目标的重要性转换成1、2、3、4,或者把创新能力水平表述为3、2、1。一般而言,任何概念都具有一定程度的潜在可测性,但就其是否容易被测度而言,不同的概念之间有着相当大的差异。按照将概念转换为数字世界中形态等级进行划分,也就是说按测量精度进行划分,可以把变量的测度分为四个等级:名义测度、定序测度、定距测度和定比测度。在经济管理研究中,科技创新对经济发展的贡献的定量分析往往表达为科技创新的测度。显然,在这里测度为定量分析之意,其目的与作用是用数量去衡量科技创新和经济发展之间的数量关系。

英国著名物理学家威廉·汤姆逊[William Thomson,又称开尔文勋爵(Lord Kelvin),1824—1907]曾经指出,"如果某事物不能被测度,那它就不那么重要"。测度身边的物体和事件,不仅在科学上是必要的,而且是把握自然和社会现象复杂性的重要手段。运用一套指标体系来测度和评价创新创业发展状况的意义正在于此。

一、已有的创业测度

目前,创业方面的测度主要聚焦于创业能力、创业成功与创业环境等角度。

(一)创业能力测度

创业能力在创业过程中起着重要作用。创业能力是一个比较复杂的综合概念,鉴于创业能力概念的"普遍模糊性",其不易直观、客观进行定量评价,因而在已有的心理学、战略管理和创业研究中,普遍采用自我效能、自我评估的方法来测度。创业者在创业的过程中需要完成多种任务、承担多种角色,个体对是否有能力成功完成这些任务的信念程度,就是自我效能;而自我评估的创业能力,就是创业者自我评估完成具体创业行为所具备的能力。

现有两种已经得到实证检验的创业自我效能的分析框架:一是 Chen 等(1998)建立在潜在创业者应具备的职能和技术技能之上的分析框架;二是 De Noble 等(1999)建立在创业进行中的创业者需要的技能之上的分析框架。前者构建了创业自我效能结构来预测个体成为创业者的可能性,从而创业自我效能体现在 5 个维度:市场、创新、管理、风险承受和财务控制。后者通过研究正在实施创业的个体面临的数个特定情境,即正在开发新产品或服务、正在建造创新型环境、正在启动投资者关系、正在定义关键目标和开发关键性人力资源等,进而创业自我效能体现在 6 个维度:风险管理、产品开发、人际关系管理、机会识别、关键资源配置、创新环境发展。

以 Chandler 和 Man 为代表的学者主要从创业者自我评估的方法分析创业能力概念。Chandler 与 Jansen(1992)基于创业者在企业经营中担任的角色,研究创业所需的能力,分析创业能力与经营绩效的关系,认为个体在创业过程中需要完成三个角色的工作,即创业、管理和技术职能,并将创业能力定义为"识别、预见并利用机会的能力"。此后,学者从不同的研究视角对创业能力进行了概念界定和研究,但大都从创业能力的输入端进行分析,以 Man(2002)研究中的定义为基础,将创业能力界定为"一组与创业成功行为有关的特定属性",如适当的态度与动机、促进创业持续成功的一系列创业知识和技能,而且这些属性最终可以通过具体的创业行为进行表征,受到个人背景如年龄、受教育情况及工作年限的影响,从而通过学习、教育、培训而获得改变,最终整理出创业能力的 6 个维度:机会能力、管理、概念性能力、组织能力、战略能力和承诺能力。

在创业能力测度方面,欧盟 EntreComp 创业能力模型(以下简称 EntreComp 模型)应用较为广泛。为突出强调创业能力作为终身学习核心能力和工作生活关键能力的重要意义,欧盟先后于 2016 年、2018 年发布了《创业能力框架》《EntreComp 的实践:创业能力框架应用指南》,将 EntreComp 模型作为测度创业能力的中心工具用于指导欧盟推广和实施创业教育,欧盟高校则基于 EntreComp 模型将创业教育实践推向纵深方向发展。EntreComp 模型较系统地描绘了创业能力的测度框架,因而在欧盟高校中得到了非常广泛的实践应用,进而推动了高校创业教育的深入发展。

欧盟创业教育属于典型的"政府驱动模式",EntreComp 模型则是欧盟适应经济社会发展需求、创业能力战略地位、创业教育现实困境等因素的产物。作为测度创业能力的中心工具,EntreComp 模型包含创业能力核心要素、创业能力学习进展、创业能力结果 3 个维度。其中,创业能力核心要素又分为三个层次、三个领域,阐明了创业能力的内涵与结构;创业能力学习进展则反映了学习者在创业学习过程中能力提升的状况,对应于创业能力发展过程中的八个能力级别及相应标准;创业能力结果则呈现了创业能力模块在不同学习进展级别上的预期学习结果。EntreComp 模型的核心理念体现在三个方面:一是关注多元价值创造和跨界应用;二是强调创业学习的重要作用;三是强调系统的概念化理论指导。由于欧盟具有"超国家"系统的特殊性,其在推进 EntreComp 模型实施过程中采用了"弱干预"机制。

（二）创业成功测度

作为经济增长的发动机,创业活动不但能够创造就业机会,而且能够引领经济复苏,因而备受世界各国的关注。虽然所有的创业者都期望能够创业成功,但是不同的创业者对创业成功的理解存在着较大的差异。有些创业者会把纯财务盈余或企业上市当成创业成功的标准,有些创业者会把用户数或者营业额达到一定标准当作创业成功的象征,有些创业者甚至将产品或服务质量赢得客户满意视为创业成功的衡量标准。

关于创业成功可操作化的评价标准,现有研究主要从创业经济回报、创业者心理成功和社会影响力三个角度来展开,揭示多元化的创业成功标准。

与普通职业成功类似,对于创业成功的度量同样可以遵从物质和个人成就的角度。衡量创业成功首要的就是个人外在的报酬(Newby et al.,2012)。创业者是自己的老板,拥有并运营企业,从而比其他普通员工享受更多的个人自由,也能够灵活自如地调节自己的工作时间,因而对创业成功的评判不能拘泥于平时的工作表现,而应该更强调工作的结果(Parasuraman et al.,1996)。并且,由于所创企业就是创业者本身的一个自然延伸,因而创业者将自己创办企业的成功视为职业成功的重要指标(Parasurama et al.,1996;Lau et al.,2007)。Gadenne(1998)认为,创业者的创业成功应以所创办企业的经营绩效来衡量。Gartner(1998)则进一步认为,创业者创业成功的衡量标准就是其获得的经济收入以及所创办企业是否成功。所以,衡量新创企业的大量的客观指标都被纳入创业者创业成功的标准(Lau et al.,2007)。

创业动机作为激励和引导创业者为实现创业成功而行动的内在动力,可以被当作创业者通过创业实践来寻求的目标(Harada,2003),因而有部分学者认为,创业者实施创业活动的初始动机的实现程度可用以度量创业者的创业结果,其实现程度可以作为衡量创业成功的判断准则之一。Saffu(2003)提出从最初选择创业的动机来衡量其成功的标准,将是否实现其最初的创业动机作为识别成功与否的标准。Reijonen 和 Komppula(2007)则主张,创业成功应以创业者是否实现了其个人价值和个人目标作为标准之一。在创业者的众多创业动机中,个人的满意度是让其开始创业并继续进行创业活动的关键动机,其次才是财富回报(Newby et al.,2003)。虽然财务标准常常被当作测量创业成功非常好的标准,但事实上许多创业者却是基于个人因素或者生活方式激发而创办企业的。McKenzie 和 Sud(2008)以澳大利亚西部地区 390 名创业者作为调查对象,调查发现财务标准和非财务的生活方式标准都被当作衡量创业成功的标准,但后者即个人满意及成就、灵活的生活方式、职业自豪感都要比财富创造更显得重要。Dyke 与 Murphy(2006)对 2000—2010 年已有研究中关于创业成功标准的重要程度进行排序后发现:个人满意度排在最突出位置,并进一步解释道,创业者的个人主观满意感之所以重要,是因为若创业者对自身的目标不满意,其在所创企业财务盈利的情况下也有可能停止创业、关闭企业,甚至是终止创业职业生涯。

创业成功与普通职业成功的最大不同之处在于,创业成功不应仅局限于个人和企业的层面,而是应该将其置于社会的大环境中去测量。为此,部分学者通过引入社会影响力来衡量创业成功。Lee-Gosselin 和 Grisé(1990)基于对加拿大魁北克省 400 名女性创业者的问卷调查以及其中 75 名创业者的深入访谈发现,大部分创业者看重企业规模,并希望所做的工作能够获得社会的认可。Lau 等（2007）以中国的创业者为调查对象探讨创业成功的标准，在经济回报和心理成功两个维度的基础上新增加了社会认可维度，提出了物质职业成功、心理职业成功、社会职业成功的三维标准。其中，物质职业成功涵盖对创业者收入、成就的衡量，与客观职业成功相对应；心理职业成功涵盖对足够多收入的感知、对创业的满意度，与主观职业成功相对应；社会职业成功则包括社会认可、社会声誉、社会地位等。此后，部分学者也赞成将得到公众认可或顾客满意纳入创业成功评判的指标体系（Reijonen et al.，2007；Gorgievski et al.，2011）。

（三）创业环境测度

顾名思义，创业环境就是指与创业有关的环境因素。由于"创业"与"环境"是两个本身非常宽泛的概念，由此，创业环境也便是一个内涵十分丰富、外延非常广阔的概念。通常而言，创业环境是政府和社会为创业者创办新企业所搭建的一个公共平台，其外延则包括一切影响创办新企业的政治、经济、社会因素。创业环境的功能与作用在于鼓励创业、支持创业、服务创业、保护创业，形成一个创业型社会，因而引起了众多学者的关注。

创业环境的研究起步较早，而且以实证研究为主，给出了一些比较经典的创业环境的分析框架和研究方法，具有较强的实用价值。其中，最为经典的是五维度模型和九方面模型，这两个模型常被用来研究创业环境。

五维度模型是 Gnyawali 和 Fogel 在 1994 年提出的，他们主张外部环境对创业企业的生存和发展有很强的影响力，而创业环境则是创业过程中多种外部因素的组合，这个组合包含5 个维度：政府政策和工作程序，社会经济条件，创业和管理技能，对创业的资金支持，对创业的非资金支持。在 5 个一级维度下面，共有 33 个子维度。

全球创业观察在《全球创业观察报告》中给出了解释经济增长机制的理论模型，在这个模型中 GEM 提出了创业活动促进创业就业和经济增长的传导机制，并详细阐述了创业环境的 9 个条件：金融支持，政府项目，政府政策，教育培训，研究开发转移，商业环境和专业基础设施，实体基础设施的可靠性，国内市场开放程度，文化及社会规范等。

相比较而言，由全球创业发展研究院年度发布的《全球创业指数报告》，则是对经济体和地区层面创业生态系统质量与发展动态方面的综合衡量，同时也是一种确定适当政策与计划以加速经济增长与就业创造的有力工具。《全球创业指数报告》中的全球创业指数涵盖了创业态度、创业能力和创业愿望等 3 个一级指标，以及 14 项二级指标，即机遇感知、创业技能、风险接受度、建立关系网、文化支持、创业机遇、科技吸收、人力资本、竞争力、产品创新、流程创新、高增长、国际化以及风险资本。

二、 已有的创新测度

随着科技创新逐渐受到人们的普遍关注，创新评价也受到各国政府的广泛重视。

早期的创新测度，主要聚焦在产品创新等微观领域。如 1979 年英国 Sussex 大学进行的一项称为 SAPPHO 的研究，这项研究共调查了来自化学和科学仪器行业的 43 对成功与失败的技术革新项目，得出对成功有显著影响的五个因素：对用户需求的了解；对市场的注意；技术开发的有效性；外部技术和对外交流的有效利用；开发管理者的高职位与权威性。

此后,日本、德国等学者开展了类似的研究。

经济合作与发展组织(OECD)最早在 1992 年开展宏观领域的创新评价研究。1992 年,OECD 出版了《奥斯陆手册》,该手册在创新理论的指导下编写而成,以明确创新的性质和影响并形成支持创新的适当政策与环境,有利于国家和企业更好地创新。该手册总结了 OECD 各国创新创业调查的经验,手册所涉内容包括创新的定义、类型、数据收集及创新调查的方法与程序等。《奥斯陆手册》是 OECD 推荐的技术创新和创业数据收集与解释指南,已经成为国际认可的创新调查指南,是世界各国测度创新必备的指导书。1993 年,OECD 依据《奥斯陆手册》设计出"欧共体协同创新调查 1992/1993 问卷",并于 1995 年选择了 16 家意大利制造业企业进行了问卷调查,随后对《奥斯陆手册》的修改提出了重要的意见。作为对创新测度的发展,OECD 的科学技术指标专家小组又研究了用于知识型经济的指标体系。

2004 年,经济合作与发展组织出版的《OECD 科学技术和工业记分牌》根据 OECD 科技工业司(DSTI)开发的数据库、科技指标和方法,并使用最新的国际可比的数据,其创新评价指标共有 6 个维度:知识投资、知识链接、新的增长领域、企业创新活力、知识经济竞争、参与全球经济。《OECD 科学技术和工业记分牌》对 OECD 成员国知识经济的发展情况,如 OECD 国家以知识为基础的增长、经济的全球融合产生的影响、生产力提高与经济结构的调整等进行分析,并对各国的科技发展、信息技术对生产力提高的影响、技术和经济全球化,包括高技术在内的知识产业发展等进行测度,特别对近年来各国科技政策中普遍关注的问题提供新的官方的国际可比的测度。

欧洲作为老牌发达国家的集聚地,一贯高度重视创新议题。为确保创新政策的有效执行,引导各成员国改进相关工作,欧盟专门设立了创新表现评估体系。该体系主要由"欧洲创新记分牌"(创新联盟记分牌)、"区域创新记分牌"和"创新晴雨表调查"组成。其中,"欧洲创新记分牌"对各成员创新效绩进行综合评价与排名,全面反映国家创新能力。

欧盟委员会发布的《欧洲创新记分牌 2017》报告指出,随着政策优先事项、经济理论和数据可用性的发展,为更好地使报告的创新评估维度与不断变化的政策优先事项相一致,提高指标的质量和及时性,更好地捕捉新兴的现象,并提供可用于分析欧盟成员国间结构差异的具有背景数据的"工具箱",报告的测量框架进行了重大调整。《欧洲创新记分牌 2017》从"框架条件"(企业外部创新绩效的主要驱动因素)、"投资"(公司研发创新投入)、"创新活动"(企业层面的创新活动)与"影响力"(企业创新效果)四个方面,"人力资源""财政与支持""创新者""就业影响"等 10 个维度,"新博士毕业生数量""受高等教育人数在总人口中的占比""终身学习"等 27 项指标,对欧盟二十八国的创新表现进行梳理和分析,将各分项表现合成后计算出了欧盟整体与各成员的综合创新指数,并依据 SII 将欧盟成员从高到低依次划分为创新领导者、强力创新者、中等创新者和适度创新者。《欧洲创新记分牌 2020》是英国退出欧盟后发布的第一份报告,该报告对欧盟国家、其他欧洲国家和地区邻国的研究和创新绩效进行比较评估,旨在使决策者明晰国家研究和创新系统的相对优势和劣势,跟踪进展并确定优先领域,以提高创新绩效。

世界知识产权组织、美国康奈尔大学(Cornell University)和欧洲工商管理学院(INSEAD)从 2007 年起共同发布《全球创新指数报告》,通过衡量全球 120 多个经济体在创新能力的表现,以利于全球决策者更好地理解如何激励创新活动,进而推动经济增长和人类发展。报告中的全球创新指数基于 80 项指标对全球主要经济体进行排名，这些指标既有研发投资、专利和商标国际申请量、知识产权申请率、教育支出、科技出版物等传统衡量指标，也有移动应用开发和高科技出口等较新指标。

中国科学技术部《全国科技进步统计监测报告》发布全国各地的综合科技进步水平指数。科学技术部开展的全国科技进步统计监测与评价活动起源于 1993 年，旨在促进各级政府加强科技投入、扩大科技产出、加强高新技术产业化建设、重视经济发展方式转变。综合科技进步水平指数是由多个指标层层综合的结果，用以反映一个地区科技、经济、社会的整体发展状况，其评价指标体系涵盖 5 个一级指标：科技进步环境、科技活动投入、科技活动产出、高新技术产业化、科技促进经济社会发展，每个一级指标又包含 2～3 个子指标，共有 12 个二级指标、33 个三级指标。

为了监测和评价创新型国家建设进程，中国科学技术发展战略研究院从 2006 年起开展国家创新指数的研究工作。《国家创新指数报告》自 2011 年开始发布。《国家创新指数报告》是国家层面的创新能力评价报告，报告借鉴国内外关于国家竞争力和创新评价等方面的理论与方法，从创新资源、知识创造、企业创新、创新绩效和创新环境五个方面构建国家创新指数的指标体系，即国家创新指数由 5 个一级指标和 30 个二级指标组成。其中 20 个定量指标突出创新规模、质量、效率和国际竞争能力，兼顾大国、小国的平衡；10 个定性调查指标反映创新环境。报告选用 40 个科技创新活动活跃的国家（其 R&D 经费投入之和占全球总量 95％以上）作为研究对象；采用国际上通用的标杆分析法测算国家创新指数；所用数据均来自各国政府或国际组织的数据库和出版物，具有国际可比性和权威性。

为对中国各省（区、市）创新能力进行分析比较，从 1999 年起，中国科技发展战略研究小组每年推出一本《中国区域创新能力评价报告》。报告以区域创新体系理论为指导，借助中国科技发展战略研究小组多年形成的评价方法，利用大量的统计数据，综合、客观及动态地给出各省（区、市）创新能力的排名与分析，为地方政府了解本地区创新能力提供参考。其评价指标体系由知识创造、知识获取、企业创新、创新环境等 4 个一级指标、131 个二级指标构成。

第二节　青年创新创业综合评价

基于长三角地区青年创新创业指标数据，运用熵权 TOPSIS 法进行评价，结果如表 4-1 所示。从青年创新创业综合得分来看，上海市独占鳌头，浙江省、江苏省分列第 2、3 名，此两省得分非常接近，安徽省位列第 4 名，得分稍低。

表 4-1　2020 年长三角青年创新创业综合得分　　　　　　　　%

省份	综合得分	省份	综合得分
上海	75.69	浙江	59.12
江苏	57.76	安徽	35.90

第三节	青年创新创业分维度评价

综合评价是基于"环境—行为—效能"分析框架,基于创新创业环境、创新创业投入、创新创业产出等 3 个维度而进行的。下面,针对这 3 个维度进行深入分析,以考察长三角三省一市在各个分维度下的差异。

从青年创新创业环境评价得分看,上海市排名第 1,同时也是本地区唯一高于平均水平的(地区创新创业环境平均得分 42.23%)。浙江省位居第 2,江苏省和安徽省分列第 3、4 名,其中浙江省与江苏省在创新创业环境上差距稍大(图 4-1、表 4-2)。

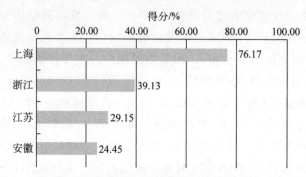

图 4-1   2020 年青年创新创业环境得分

表 4-2   2020 年青年创新创业一级指标得分   %

省份	环 境 得 分	投 入 得 分	产 出 得 分
上海	76.17	69.99	89.39
江苏	29.15	32.99	39.93
浙江	39.13	26.06	72.37
安徽	24.45	23.57	17.50

从青年创新创业投入评价得分看,上海市排名第 1,江苏省、浙江省分别位居第 2、3 名,安徽省位居第 4,浙江省青年创新创业投入得分略高于安徽省(图 4-2)。除了上海市以外,其他 3 个省份均低于平均得分(地区创新创业投入平均得分 38.15%)。

从青年创新创业产出评价得分看,上海市排名第 1,而且远高于其他省份,浙江省位居第 2,产出得分也比较高,江苏省排名第 3,安徽省该项得分较低,仅有 17.50%(图 4-3)。从该项评价看,仅有上海市、浙江省青年创新创业产出得分高于平均得分(地区创新创业产出平均得分 54.80%)。

第四节	青年创新创业发展变化

整理 2018—2020 年长三角地区青年创新创业的有关指标数据,进而对此 3 年间长三角

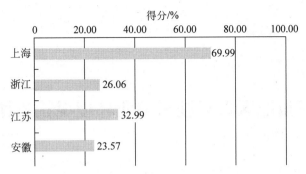

图 4-2　2020 年青年创新创业投入得分

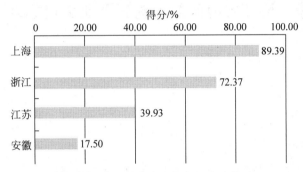

图 4-3　2020 年青年创新创业产出得分

地区青年创新创业发展状况进行综合测度,可以窥探出青年创新创业发展的一些端倪。

从横向上看,如图 4-4 所示,总体而言,上海市的青年创新创业在长三角三省一市中一枝独秀,浙江省和江苏省构成了青年创新创业发展的中流砥柱,安徽省青年创新创业发展则潜力巨大。

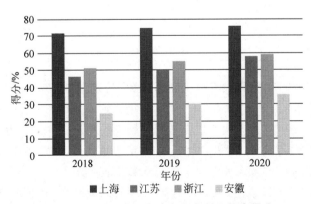

图 4-4　2018—2020 年青年创新创业综合得分

从纵向上看,2018—2020 年长三角地区三省一市在青年创新创业方面均取得了一定成绩,均获得了相当发展。相对而言,安徽省在此 3 年间进步较大,可谓一年一个台阶。江苏省的进步也较快,在此 3 年间,继站上 50% 的台阶后又进一步接近 60%。上海市和浙江省的增速相对较为缓慢。

第五章
长三角地区青年创新创业环境现状及评价

第一节 长三角地区青年创新创业环境的基本现状

一、万人大专以上学历人数

通过描述性分析可得(表 5-1),2018—2020 年长三角地区青年"万人大专以上学历人数"平均值分别为 1 869 人/万人、1 924 人/万人、2 185 人/万人,逐年递增,说明长三角地区青年学历水平在不断提升。

表 5-1 "万人大专以上学历人数"基本情况 （人/万人）

地　　区	2018 年	2019 年	2020 年	年均值
上海	3 170	3 073	3 535	3 259
江苏	1 492	1 756	1 976	1 741
浙江	1 589	1 645	1 798	1 677
安徽	1 227	1 220	1 431	1 293
总额	7 478	7 694	8 740	—
平均值	1 869	1 924	2 185	—

上海市 2018—2020 年"万人大专以上学历人数"分别是 3 170 人/万人、3 073 人/万人、3 535 人/万人,均值为 3 259 人/万人,其中,2020 年达到最高水平,2019 年处于最低水平。

江苏省 2018—2020 年"万人大专以上学历人数"分别是 1 492 人/万人、1 756 人/万人、1 976 人/万人,均值为 1 741 人/万人,其中,2020 年达到最高水平,2018 年处于最低水平。

浙江省 2018—2020 年"万人大专以上学历人数"分别是 1 589 人/万人、1 645 人/万人、1 798 人/万人,均值为 1 677 人/万人,其中,2020 年达到最高水平,2018 年处于最低水平。

安徽省 2018—2020 年"万人大专以上学历人数"分别是 1 227 人/万人、1 220 人/万人、1 431 人/万人,均值为 1 293 人/万人,其中,2020 年达到最高水平,2019 年处于最低水平。

总体而言,在长三角区域,上海市"万人大专以上学历人数"最高,紧随其后的是江苏省、浙江省、安徽省,说明上海市的人才储备在长三角中最多,拥有最充足的创业人才储备,有丰富的青年创新创业潜力。

二、 信息传输、计算机服务和软件业固定资产投资占全部固定资产投资比重

通过描述性分析可得（表 5-2），2018—2020 年长三角地区青年"信息传输、计算机服务和软件业固定资产投资占全部固定资产投资比重"平均值分别为 1.14%、1.12%、1.30%，逐年递增，说明长三角地区青年信息传输、计算机服务和软件业固定资产投资占全部固定资产投资比重有所提升。

表 5-2 "信息传输、计算机服务和软件业固定资产投资占全部固定资产投资比重"基本情况　　%

地区	2018 年	2019 年	2020 年	年均值
上海	1.85	2.02	1.79	1.89
江苏	0.96	0.84	1.24	1.01
浙江	1.02	1.03	1.08	1.04
安徽	0.71	0.60	1.08	0.80
总额	4.54	4.49	5.20	—
平均值	1.14	1.12	1.30	—

上海市 2018—2020 年"信息传输、计算机服务和软件业固定资产投资占全部固定资产投资比重"分别是 1.85%、2.02%、1.79%，均值为 1.89%，其中 2019 年达到最高水平，2020 年处于最低水平。

江苏省 2018—2020 年"信息传输、计算机服务和软件业固定资产投资占全部固定资产投资比重"分别是 0.96%、0.84%、1.24%，均值为 1.01%，其中 2020 年达到最高水平，2019 年处于最低水平。

浙江省 2018—2020 年"信息传输、计算机服务和软件业固定资产投资占全部固定资产投资比重"分别是 1.02%、1.03%、1.08%，均值为 1.04%，其中 2020 年达到最高水平，2018 年处于最低水平。

安徽省 2018—2020 年"信息传输、计算机服务和软件业固定资产投资占全部固定资产投资比重"分别是 0.71%、0.60%、1.08%，均值为 0.80%，其中 2020 年达到最高水平，2019 年处于最低水平。

总体而言，在长三角区域，上海市"信息传输、计算机服务和软件业固定资产投资占全部固定资产投资比重"最高，紧随其后的是浙江省、江苏省、安徽省。

三、 百户接入互联网计算机台数

通过描述性分析可得（表 5-3），2018—2020 年长三角地区青年"百户接入互联网计算机台数"平均值分别为 70.05 台/百户、71.20 台/百户、71.98 台/百户，逐年递增，说明长三角地区接入互联网计算机数量在不断增加。

表 5-3 "百户接入互联网计算机台数"基本情况   台/百户

地区	2018 年	2019 年	2020 年	年均值
上海	99.2	104.7	104.9	102.93
江苏	62.6	62.2	62.7	62.50
浙江	72.6	72.3	73.7	72.87
安徽	45.8	45.6	46.6	46.00
总额	280.20	284.80	287.90	—
均值	70.05	71.20	71.98	

上海市 2018—2020 年"百户接入互联网计算机台数"分别是 99.2 台/百户、104.7 台/百户、104.9 台/百户,均值为 102.93 台/百户,其中 2020 年达到最高水平,2018 年处于最低水平。

江苏省 2018—2020 年"百户接入互联网计算机台数"分别是 62.6 台/百户、62.2 台/百户、62.7 台/百户,均值为 62.50 台/百户,其中 2020 年达到最高水平,2019 年处于最低水平。

浙江省 2018—2020 年"百户接入互联网计算机台数"分别是 72.6 台/百户、72.3 台/百户、73.7 台/百户,均值为 72.87 台/百户,其中 2020 年达到最高水平,2019 年处于最低水平。

安徽省 2018—2020 年"百户接入互联网计算机台数"分别是 45.8 台/百户、45.6 台/百户、46.6 台/百户,均值为 46.00 台/百户,其中 2020 年达到最高水平,2019 年处于最低水平。

总体而言,在长三角区域,上海市"百户接入互联网计算机台数"最高,紧随其后的是浙江省、江苏省、安徽省。

四、 人均地区生产总值

通过描述性分析可得(表 5-4),2018—2020 年长三角地区青年"人均地区生产总值"平均值分别为 105 141.25 元/人、111 217.75 元/人、110 261.25 元/人,2019 年较 2018 年有所提升,但 2020 年与 2019 年相较略有下降,说明长三角地区生产总值基本保持稳定。

表 5-4 "人均地区生产总值"基本情况   元/人

地区	2018 年	2019 年	2020 年	年均值
上海	148 744	156 587	155 768	153 699.67
江苏	115 930	122 398	121 231	119 853.00
浙江	101 813	107 814	100 620	103 415.67
安徽	54 078	58 072	63 426	58 525.33
总额	420 565.00	444 871.00	441 045.00	—
均值	105 141.25	111 217.75	110 261.25	—

上海市 2018—2020 年"人均地区生产总值"分别是 148 744 元/人、156 587 元/人、155 768 元/人,均值为 153 699.67 元/人,其中 2019 年达到最高水平,2018 年处于最低

水平。

江苏省 2018—2020 年"人均地区生产总值"分别是 115 930 元/人、122 398 元/人、121 231 元/人,均值为 119 853.00 元/人,其中 2019 年达到最高水平,2018 年处于最低水平。

浙江省 2018—2020 年"人均地区生产总值"分别是 101 813 元/人、107 814 元/人、100 620 元/人,均值为 103 415.67 元/人,其中 2019 年达到最高水平,2020 年处于最低水平。

安徽省 2018—2020 年"人均地区生产总值"分别是 54 078 元/人、58 072 元/人、63 426 元/人,均值为 58 525.33 元/人,其中 2020 年达到最高水平,2018 年处于最低水平。

总体而言,在长三角区域,上海市"人均地区生产总值"最高,紧随其后的是江苏省、浙江省、安徽省。

五、 亿人创业园数量

通过描述性分析可得(表 5-5),2018—2020 年长三角地区青年"亿人创业园数量"平均值分别为 580.06 家/亿人、634.06 家/亿人、701.77 家/亿人,逐年递增,说明长三角地区创业数量在不断提升。

表 5-5 "亿人创业园数量"基本情况 家/亿人

地区	2018 年	2019 年	2020 年	年均值
上海	727.27	705.36	667.20	699.95
江苏	822.87	982.41	1 108.88	971.39
浙江	511.72	569.41	677.18	586.10
安徽	258.39	279.05	353.81	297.09
总额	2 320.26	2 536.23	2 807.07	—
均值	580.06	634.06	701.77	—

上海市 2018—2020 年"亿人创业园数量"分别是 727.27 家/亿人、705.36 家/亿人、667.20 家/亿人,年均值为 699.95 家/亿人,其中 2018 年达到最高水平,2020 年处于最低水平。

江苏省 2018—2020 年"亿人创业园数量"分别是 822.87 家/亿人、982.41 家/亿人、1 108.88 家/亿人,年均值为 971.39 家/亿人,其中 2020 年达到最高水平,2018 年处于最低水平。

浙江省 2018—2020 年"亿人创业园数量"分别是 511.72 家/亿人、569.41 家/亿人、677.18 家/亿人,年均值为 586.10 家/亿人,其中 2020 年达到最高水平,2018 年处于最低水平。

安徽省 2018—2020 年"亿人创业园数量"分别是 258.39 家/亿人、279.05 家/亿人、353.81 家/亿人,年均值为 297.09 家/亿人,其中 2020 年达到最高水平,2018 年处于最低水平。

总体而言,在长三角区域,江苏省"亿人创业园数量"最高,紧随其后的是上海市、浙江省、安徽省,说明江苏的亿人创业园数量规模最大,创业氛围最为浓郁,而上海 2018—2020 年创业园数量较少,说明创业环境可能发生变化,受到冲击。

六、 亿人双创示范基地数量

通过描述性分析可得（表 5-6），2018—2020 年长三角地区青年"亿人双创示范基地数量"平均值分别为 13.68 个/亿人、13.60 个/亿人、20.89 个/亿人，说明长三角地区创业数量在不断提升。

表 5-6 "亿人双创示范基地数量"基本情况   个/亿人

地区	2018 年	2019 年	2020 年	年均值
上海	28.28	28.21	40.19	32.23
江苏	7.10	7.08	11.80	8.66
浙江	12.75	12.55	20.10	15.13
安徽	6.58	6.57	11.47	8.21
总额	54.72	54.41	83.55	—
均值	13.68	13.60	20.89	—

上海市 2018—2020 年"亿人双创示范基地数量"分别是 28.28 个/亿人、28.21 个/亿人、40.19 个/亿人，年均值为 32.23 个/亿人，其中 2020 年达到最高水平，2019 年处于最低水平。

江苏省 2018—2020 年"亿人双创示范基地数量"分别是 7.10 个/亿人、7.08 个/亿人、11.80 个/亿人，年均值为 8.66 个/亿人，其中 2020 年达到最高水平，2019 年处于最低水平。

浙江省 2018—2020 年"亿人双创示范基地数量"分别是 12.75 个/亿人、12.55 个/亿人、20.10 个/亿人，年均值为 15.13 个/亿人，其中 2020 年达到最高水平，2019 年处于最低水平。

安徽省 2018—2020 年"亿人双创示范基地数量"分别是 6.58 个/亿人、6.57 个/亿人、11.47 个/亿人，年均值为 8.21 个/亿人，其中 2020 年达到最高水平，2019 年处于最低水平。

总体而言，在长三角区域，上海市"亿人双创示范基地数量"最高，紧随其后的是浙江省、江苏省、安徽省，说明上海的创业质量最为优秀，而在 2020 年，四个地区均有新的示范基地增加，说明在 2020 年间，长三角地区加大了对创业方面的扶持。

第二节　长三角地区青年创新创业环境的对比分析

一、 区域对比分析

（一）长三角"万人大专以上学历人数"的区域特征

1. 上海市"万人大专以上学历人数"

如图 5-1 所示，2018—2020 年上海市"万人大专以上学历人数"平均值为 3 259 人/万人，其中在 2018 年大专以上学历人数为 3 170 人/万人，2019 年大专以上学历人数为 3 073 人/万人，2020 年大专以上学历人数为 3 535 人/万人。

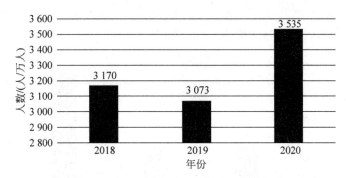

图 5-1　上海市"万人大专以上学历人数"（2018—2020 年）

2. 江苏省"万人大专以上学历人数"

如图 5-2 所示，2018—2020 年江苏省"万人大专以上学历人数"年平均值为 1 741 人/万人，其中在 2018 年大专以上学历人数为 1 492 人/万人，2019 年大专以上学历人数为 1 756 人/万人，2020 年大专以上学历人数为 1 976 人/万人。

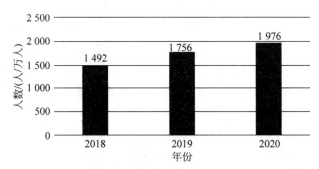

图 5-2　江苏省"万人大专以上学历人数"（2018—2020 年）

3. 浙江省"万人大专以上学历人数"

如图 5-3 所示，2018—2020 年浙江省"万人大专以上学历人数"年平均值为 1 677 人/万人，其中在 2018 年大专以上学历人数为 1 589 人/万人，2019 年大专以上学历人数为 1 645 人/万人，2020 年大专以上学历人数为 1 798 人/万人。

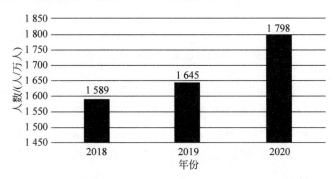

图 5-3　浙江省"万人大专以上学历人数"（2018—2020 年）

4. 安徽省"万人大专以上学历人数"

如图 5-4 所示，2018—2020 年安徽省"万人大专以上学历人数"年平均值为 1 293 人/万人,其中在 2018 年大专以上学历人数为 1 227 人/万人,2019 年大专以上学历人数为 1 220 人/万人,2020 年大专以上学历人数为 1 431 人/万人。

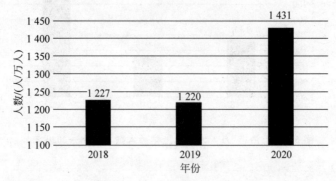

图 5-4　安徽省"万人大专以上学历人数"(2018—2020 年)

(二) 长三角"信息传输、计算机服务和软件业固定资产投资占全部固定资产投资比重"的区域特征

1. 上海市"信息传输、计算机服务和软件业固定资产投资占全部固定资产投资比重"

如图 5-5 所示,2018—2020 年上海市"信息传输、计算机服务和软件业固定资产投资占全部固定资产投资比重"年平均值为 1.89%。其中,"信息传输、计算机服务和软件业固定资产投资占全部固定资产投资比重"在 2019 年为 2.02%,处于最高值,2018 年为 1.85%,2020 年为 1.79%。

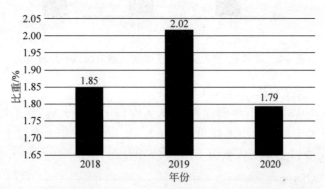

图 5-5　上海市"信息传输、计算机服务和软件业固定资产投资占
全部固定资产投资比重"(2018—2020 年)

2. 江苏省"信息传输、计算机服务和软件业固定资产投资占全部固定资产投资比重"

如图 5-6 所示,2018—2020 年江苏省"信息传输、计算机服务和软件业固定资产投资占全部固定资产投资比重"年平均值为 1.01%。其中,"信息传输、计算机服务和软件业固定资产投资占全部固定资产投资比重"在 2020 年为 1.24%,处于最高值,2018 年为 0.96%,2019 年为 0.84%。

3. 浙江省"信息传输、计算机服务和软件业固定资产投资占全部固定资产投资比重"

如图 5-7 所示,2018—2020 年浙江省"信息传输、计算机服务和软件业固定资产投资占全部固定资产投资比重"年平均值为 1.04%。其中,"信息传输、计算机服务和软件业固定资

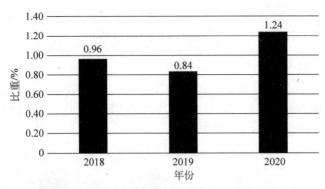

图 5-6 江苏省"信息传输、计算机服务和软件业固定资产投资占
全部固定资产投资比重"(2018—2020 年)

产投资占全部固定资产投资比重"在 2020 年为 1.08%,处于最高值,2019 年为 1.03%,2018 年为 1.02%。

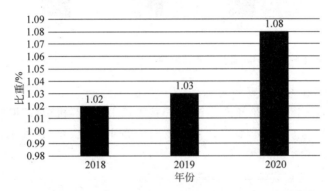

图 5-7 浙江省"信息传输、计算机服务和软件业固定资产投资占
全部固定资产投资比重"(2018—2020 年)

4. 安徽省"信息传输、计算机服务和软件业固定资产投资占全部固定资产投资比重"

如图 5-8 所示,2018—2020 年安徽省"信息传输、计算机服务和软件业固定资产投资占全部固定资产投资比重"年平均值为 0.80%。其中,"信息传输、计算机服务和软件业固定资产投资占全部固定资产投资比重"在 2020 年为 1.08%,处于最高值,2018 年为 0.71%,2019 年为 0.60%。

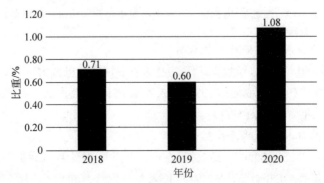

图 5-8 安徽省"信息传输、计算机服务和软件业固定资产投资占
全部固定资产投资比重"(2018—2020 年)

（三）长三角"百户接入互联网计算机台数"的区域特征

1. 上海市"百户接入互联网计算机台数"

如图 5-9 所示，2018—2020 年上海市"百户接入互联网计算机台数"年平均值为 102.93 台/百户。其中，2020 年为 104.9 台/百户，"百户接入互联网计算机台数"处于最高值，2018 年为 99.2 台/百户，2019 年为 104.7 台/百户。

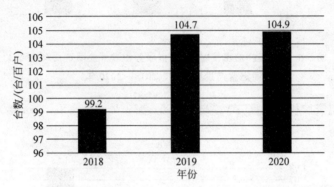

图 5-9　上海市"百户接入互联网计算机台数"（2018—2020 年）

2. 江苏省"百户接入互联网计算机台数"

如图 5-10 所示，2018—2020 年江苏省"百户接入互联网计算机台数"年平均值为 62.5 台/百户。其中，2020 年为 62.7 台/百户，"百户接入互联网计算机台数"处于最高值，2018 年为 62.6 台/百户，2019 年为 62.2 台/百户。

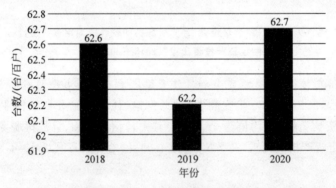

图 5-10　江苏省"百户接入互联网计算机台数"（2018—2020 年）

3. 浙江省"百户接入互联网计算机台数"

如图 5-11 所示，2018—2020 年浙江省"百户接入互联网计算机台数"年平均值为 72.87 台/百户。其中，2020 年为 73.7 台/百户，"百户接入互联网计算机台数"处于最高值，2018 年为 72.6 台/百户，2019 年为 72.3 台/百户。

4. 安徽省"百户接入互联网计算机台数"

如图 5-12 所示，2018—2020 年安徽省"百户接入互联网计算机台数"年平均值为 46 台/百户。其中，2020 年为 46.6 台/百户，"百户接入互联网计算机台数"处于最高值，2018 年为 45.8 台/百户，2019 年为 45.6 台/百户。

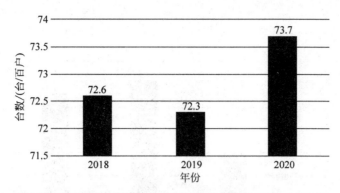

图 5-11 浙江省"百户接入互联网计算机台数"（2018—2020 年）

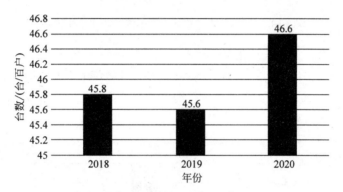

图 5-12 安徽省"百户接入互联网计算机台数"（2018—2020 年）

（四）长三角"人均地区生产总值"的区域特征

1. 上海市"人均地区生产总值"

如图 5-13 所示，2018—2020 年上海市"人均地区生产总值"年平均值为 153 699.67 元/人。其中，2019 年为 156 587 元/人，"人均地区生产总值"处于最高值，2020 年为 155 768 元/人，2018 年为 148 744 元/人。

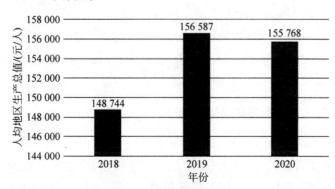

图 5-13 上海市"人均地区生产总值"（2018—2020 年）

2. 江苏省"人均地区生产总值"

如图 5-14 所示，2018—2020 年江苏省"人均地区生产总值"年平均值为 119 853 元/人。

其中,2019 年为 122 398 元/人,"人均地区生产总值"处于最高值,2020 年为 121 231 元/人,2018 年为 115 930 元/人。

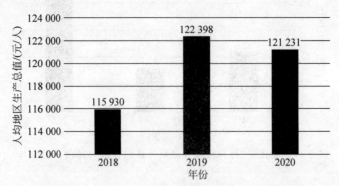

图 5-14 江苏省"人均地区生产总值"(2018—2020 年)

3. 浙江省"人均地区生产总值"

如图 5-15 所示,2018—2020 年浙江省"人均地区生产总值"年平均值为 103 415.67 元/人。其中,2019 年为 107 814 元/人,"人均地区生产总值"处于最高值,2018 年为 101 813 元/人,2020 年为 100 620 元/人。

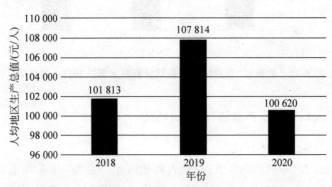

图 5-15 浙江省"人均地区生产总值"(2018—2020 年)

4. 安徽省"人均地区生产总值"

如图 5-16 所示,2018—2020 年安徽省"人均地区生产总值"年平均值为 58 525.33 元/人。其中,2020 年为 63 426 元/人,"人均地区生产总值"处于最高值,2018 年为 54 078 元/人,2019 年为 58 072 元/人。

(五)长三角"亿人创业园数量"的区域特征

1. 上海市"亿人创业园数量"

如图 5-17 所示,2018—2020 年上海市"亿人创业园数量"年平均值为 699.95 家/亿人。其中,2018 年为 727.27 家/亿人,"亿人创业园数量"处于最高值,2019 年为 705.36 家/亿人,2020 年为 667.20 家/亿人。

2. 江苏省"亿人创业园数量"

如图 5-18 所示,2018—2020 年江苏省"亿人创业园数量"年平均值为 971.39 家/亿人。

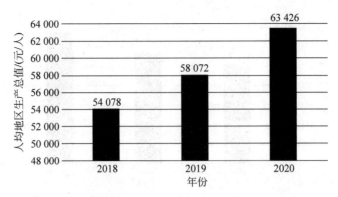

图 5-16 安徽省"人均地区生产总值"(2018—2020 年)

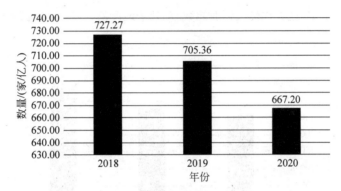

图 5-17 上海市"亿人创业园数量"(2018—2020 年)

其中,2020 年为 1 108.88 家/亿人,"亿人创业园数量"处于最高值,2019 年为 982.41 家/亿人,2018 年为 822.87 家/亿人。

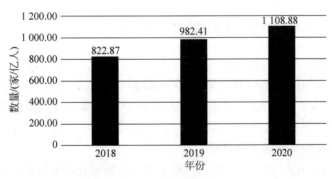

图 5-18 江苏省"亿人创业园数量"(2018—2020 年)

3. 浙江省"亿人创业园数量"

如图 5-19 所示,2018—2020 年浙江省"亿人创业园数量"年平均值为 586.10 家/亿人。其中,2020 年为 677.18 家/亿人,"亿人创业园数量"处于最高值,2019 年为 569.41 家/亿人,2018 年为 511.72 家/亿人。

4. 安徽省"亿人创业园数量"

如图 5-20 所示,2018—2020 年安徽省"亿人创业园数量"年平均值为 297.09 家/亿人。其

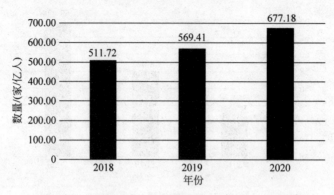

图 5-19 浙江省"亿人创业园数量"（2018—2020 年）

中,2020 年为 353.81 家/亿人,"亿人创业园数量"处于最高值,2019 年为 279.05 家/亿人,2018 年为 258.39 家/亿人。

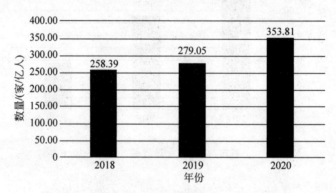

图 5-20 安徽省"亿人创业园数量"（2018—2020 年）

（六）长三角"亿人双创示范基地数量"的区域特征

1. 上海市"亿人双创示范基地数量"

如图 5-21 所示,2018—2020 年上海市"亿人双创示范基地数量"年平均值为 32.23 个/亿人。其中,2020 年为 40.19 个/亿人,"亿人双创示范基地数量"处于最高值,2018 年为 28.28 个/亿人,2019 年为 28.21 个/亿人。

2. 江苏省"亿人双创示范基地数量"

如图 5-22 所示,2018—2020 年江苏省"亿人双创示范基地数量"年平均值为 8.66 个/亿人。其中,2020 年为 11.80 个/亿人,"亿人双创示范基地数量"处于最高值,2019 年为 7.08 个/亿人,2018 年为 7.10 个/亿人。

3. 浙江省"亿人双创示范基地数量"

如图 5-23 所示,2018—2020 年浙江省"亿人双创示范基地数量"年平均值为 15.13 个/亿人。其中,2020 年为 20.10 个/亿人,"亿人双创示范基地数量"处于最高值,2018 年为 12.75 个/亿人,2019 年为 12.55 个/亿人。

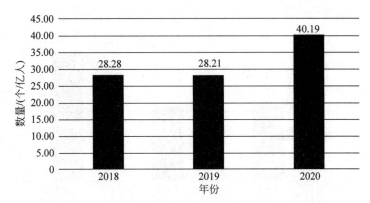

图 5-21　上海市"亿人双创示范基地数量"（2018—2020 年）

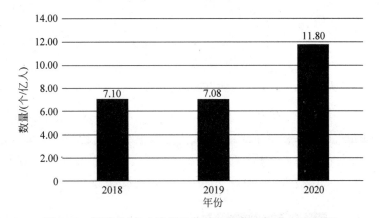

图 5-22　江苏省"亿人双创示范基地数量"（2018—2020 年）

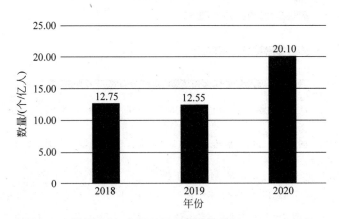

图 5-23　浙江省"亿人双创示范基地数量"（2018—2020 年）

4. 安徽省"亿人双创示范基地数量"

如图 5-24 所示,2018—2020 年安徽省"亿人双创示范基地数量"年平均值为 8.21 个/亿人。其中,2020 年为 11.47 个/亿人,"亿人双创示范基地数量"处于最高值,2018 年为 6.58 个/亿人,2019 年为 6.57 个/亿人。

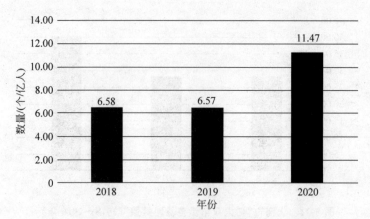

图 5-24　安徽省"亿人双创示范基地数量"（2018—2020 年）

二、年度对比分析

（一）长三角"万人大专以上学历人数"的年度特征

1. 2018 年"万人大专以上学历人数"的分析

如图 5-25 所示，2018 年长三角区域"万人大专以上学历人数"在"三省一市"存在差异，其中，上海市"万人大专以上学历人数"为 3 170 人/万人，处于领先地位，其次是浙江省、江苏省、安徽省，分别为 1 589 人/万人、1 492 人/万人、1 227 人/万人。

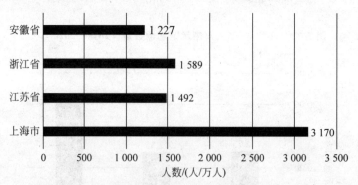

图 5-25　2018 年长三角区域"万人大专以上学历人数"

2. 2019 年"万人大专以上学历人数"的分析

如图 5-26 所示，2019 年长三角区域"万人大专以上学历人数"在"三省一市"存在差异，其中，上海市"万人大专以上学历人数"为 3 073 人/万人，处于领先地位，其次是江苏省、浙江省、安徽省，分别为 1 756 人/万人、1 645 人/万人、1 220 人/万人。

3. 2020 年"万人大专以上学历人数"的分析

如图 5-27 所示，2020 年长三角区域"万人大专以上学历人数"在"三省一市"存在差异，其中，上海市"万人大专以上学历人数"为 3 535 人/万人，处于领先地位，其次是江苏省、浙江省、安徽省，分别为 1 976 人/万人、1 798 人/万人、1 431 人/万人。

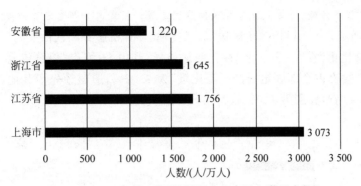

图 5-26　2019 年长三角区域"万人大专以上学历人数"

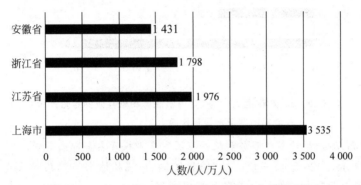

图 5-27　2020 年长三角区域"万人大专以上学历人数"

（二）长三角"信息传输、计算机服务和软件业固定资产投资占全部固定资产投资比重"的年度特征

1. 2018 年"信息传输、计算机服务和软件业固定资产投资占全部固定资产投资比重"的分析

如图 5-28 所示，2018 年长三角区域"信息传输、计算机服务和软件业固定资产投资占全部固定资产投资比重"在"三省一市"存在明显差异，其中，上海市"信息传输、计算机服务和软件业固定资产投资占全部固定资产投资比重"为 1.85%，处于领先地位，其次是浙江省、江苏省、安徽省，分别为 1.02%、0.96%、0.71%。

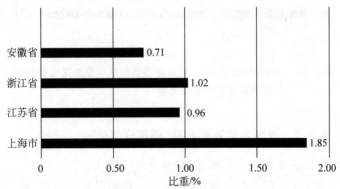

图 5-28　2018 年"信息传输、计算机服务和软件业固定资产投资
占全部固定资产投资比重"

2．2019 年"信息传输、计算机服务和软件业固定资产投资占全部固定资产投资比重"的分析

如图 5-29 所示,2019 年长三角区域"信息传输、计算机服务和软件业固定资产投资占全部固定资产投资比重"在"三省一市"存在明显差异,其中,上海市"信息传输、计算机服务和软件业固定资产投资占全部固定资产投资比重"为 2.02%,遥遥领先于其他省份,其次是浙江省、江苏省、安徽省,分别为 1.03%、0.84%、0.60%。

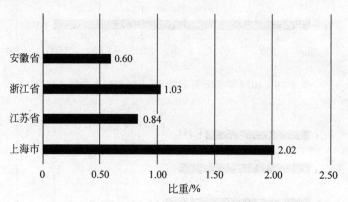

图 5-29　2019 年"信息传输、计算机服务和软件业固定资产投资
占全部固定资产投资比重"

3．2020 年"信息传输、计算机服务和软件业固定资产投资占全部固定资产投资比重"的分析

如图 5-30 所示,2020 年长三角区域"信息传输、计算机服务和软件业固定资产投资占全部固定资产投资比重"在"三省一市"存在明显差异,其中,上海市"信息传输、计算机服务和软件业固定资产投资占全部固定资产投资比重"为 1.79%,处于领先地位,其次是江苏省、浙江省、安徽省,分别为 1.24%、1.08%、1.08%。

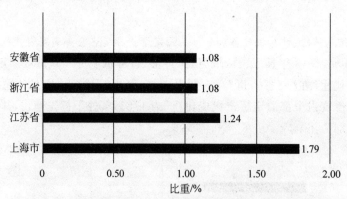

图 5-30　2020 年"信息传输、计算机服务和软件业固定资产投资
占全部固定资产投资比重"

（三）长三角"百户接入互联网计算机台数"的年度特征

1．2018 年"百户接入互联网计算机台数"的分析

如图 5-31 所示,2018 年长三角区域"百户接入互联网计算机台数"在"三省一市"存在差异,其中,上海市"百户接入互联网计算机台数"为 99.2 台/百户,处于领先地位,其次是浙江省、江苏省、安徽省,分别为 72.6 台/百户、62.6 台/百户、45.8 台/百户。

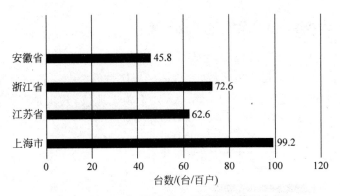

图 5-31 2018 年"百户接入互联网计算机台数"

2. 2019 年"百户接入互联网计算机台数"的分析

如图 5-32 所示,2019 年长三角区域"百户接入互联网计算机台数"在"三省一市"存在差异,其中,上海市"百户接入互联网计算机台数"为 104.7 台/百户,处于领先地位,其次是浙江省、江苏省、安徽省,分别为 72.3 台/百户、62.2 台/百户、45.6 台/百户。

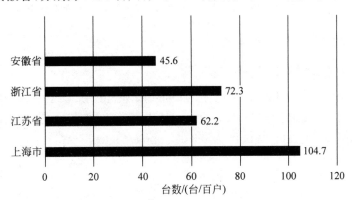

图 5-32 2019 年"百户接入互联网计算机台数"

3. 2020 年"百户接入互联网计算机台数"的分析

如图 5-33 所示,2020 年长三角区域"百户接入互联网计算机台数"在"三省一市"存在差异,其中,上海市"百户接入互联网计算机台数"为 104.9 台/百户,处于领先地位,其次是浙江省、江苏省、安徽省,分别为 73.7 台/百户、62.7 台/百户、46.6 台/百户。

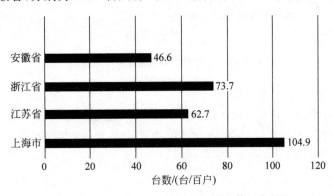

图 5-33 2020 年"百户接入互联网计算机台数"

（四）长三角"人均地区生产总值"的年度特征

1. 2018 年"人均地区生产总值"的分析

如图 5-34 所示，2018 年长三角区域"人均地区生产总值"在"三省一市"存在差异，其中，上海市"人均地区生产总值"为 148 744 元/人，处于领先地位，其次是江苏省、浙江省、安徽省，分别为 115 930 元/人、101 813 元/人、54 078 元/人。

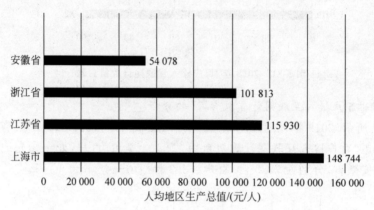

图 5-34　2018 年"人均地区生产总值"

2. 2019 年"人均地区生产总值"的分析

如图 5-35 所示，2019 年长三角区域"人均地区生产总值"在"三省一市"存在差异，其中，上海市"人均地区生产总值"为 156 587 元/人，处于领先地位，其次是江苏省、浙江省、安徽省，分别为 122 398 元/人、107 814 元/人、58 072 元/人。

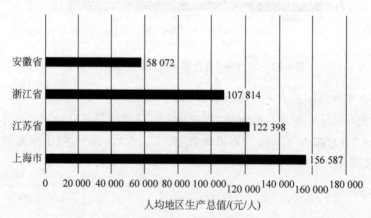

图 5-35　2019 年"人均地区生产总值"

3. 2020 年"人均地区生产总值"的分析

如图 5-36 所示，2020 年长三角区域"人均地区生产总值"在"三省一市"存在差异，其中，上海市"人均地区生产总值"为 155 768 元/人，处于领先地位，其次是江苏省、浙江省、安徽省，分别为 121 231 元/人、100 620 元/人、63 426 元/人。

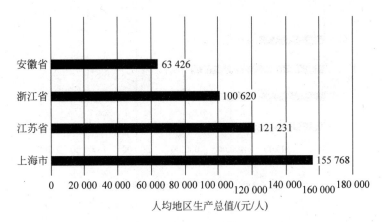

图 5-36　2020 年"人均地区生产总值"

（五）长三角"亿人创业园数量"的年度特征

1. 2018 年"亿人创业园数量"的分析

如图 5-37 所示,2018 年长三角区域"亿人创业园数量"在"三省一市"存在差异,其中,江苏省"亿人创业园数量"为 822.87 家/亿人,处于领先地位,其次是上海市、浙江省、安徽省,分别为 727.27 家/亿人、511.72 家/亿人、258.39 家/亿人。

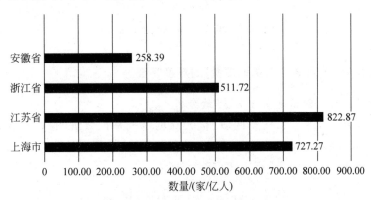

图 5-37　2018 年"亿人创业园数量"

2. 2019 年"亿人创业园数量"的分析

如图 5-38 所示,2019 年长三角区域"亿人创业园数量"在"三省一市"存在差异,其中,江苏省"亿人创业园数量"为 982.41 家/亿人,处于领先地位,其次是上海市、浙江省、安徽省,分别为 705.36 家/亿人、569.41 家/亿人、279.05 家/亿人。

3. 2020 年"亿人创业园数量"的分析

如图 5-39 所示,2020 年长三角区域"亿人创业园数量"在"三省一市"存在差异,其中,江苏省"亿人创业园数量"为 1 108.88 家/亿人,处于领先地位,其次是浙江省、上海市、安徽省,分别为 677.18 家/亿人、667.20 家/亿人、353.81 家/亿人。

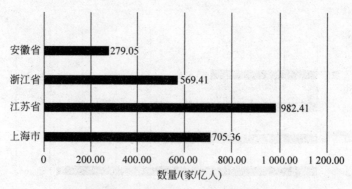

图 5-38　2019 年"亿人创业园数量"

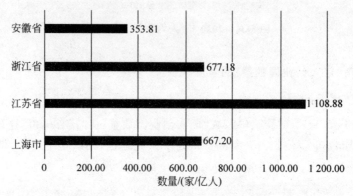

图 5-39　2020 年"亿人创业园数量"

（六）长三角"亿人双创示范基地数量"的年度特征

1. 2018 年"亿人双创示范基地数量"的分析

如图 5-40 所示,2018 年长三角区域"亿人双创示范基地数量"存在差异,其中,上海市"亿人双创示范基地数量"为 28.28 个/亿人,处于领先地位,其次是浙江省、江苏省、安徽省,分别为 12.75 个/亿人、7.10 个/亿人、6.58 个/亿人。

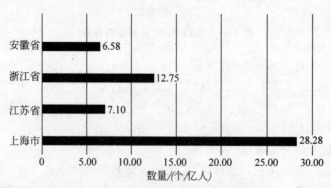

图 5-40　2018 年"亿人双创示范基地数量"

2. 2019 年"亿人双创示范基地数量"的分析

如图 5-41 所示,2019 年长三角区域"亿人双创示范基地数量"存在差异,其中,上海市

"亿人双创示范基地数量"为 28.21 个/亿人,处于领先地位,其次是浙江省、江苏省、安徽省,分别为 12.55 个/亿人、7.08 个/亿人、6.57 个/亿人。

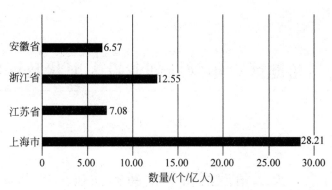

图 5-41　2019 年"亿人双创示范基地数量"

3. 2020 年"亿人双创示范基地数量"的分析

如图 5-42 所示,2020 年长三角区域"亿人双创示范基地数量"存在差异,其中,上海市"亿人双创示范基地数量"为 40.19 个/亿人,处于领先地位,其次是浙江省、江苏省、安徽省,分别为 20.10 个/亿人、11.80 个/亿人、11.47 个/亿人。

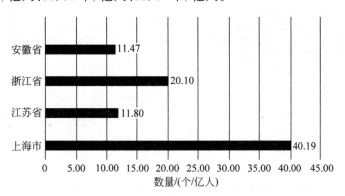

图 5-42　2020 年"亿人双创示范基地数量"

第六章
长三角地区青年创新创业投入现状及评价

第一节　长三角地区青年创新创业投入的基本现状

一、研究与发展（R&D）经费支出与地区生产总值比例

通过描述性分析可得（表 6-1），2018—2020 年长三角地区青年"研究与发展（R&D）经费支出与地区生产总值比例"平均值分别为 1.79％、1.85％、1.94％，逐年递增，说明长三角地区青年创新创业研究与发展经费支出比例不断提升。

表 6-1　"研究与发展（R&D）经费支出与地区生产总值比例"基本情况　　　　　%

地区	2018 年	2019 年	2020 年	年均值
上海	1.54	1.55	1.64	1.58
江苏	2.17	2.24	2.32	2.24
浙江	1.98	2.04	2.16	2.06
安徽	1.46	1.56	1.65	1.56
总额	7.15	7.40	7.77	—
均值	1.79	1.85	1.94	—

上海市 2018—2020 年"研究与发展（R&D）经费支出与地区生产总值比例"分别是 1.54％、1.55％、1.64％，年均值为 1.58％，其中 2020 年达到最高水平，2018 年处于最低水平。

江苏省 2018—2020 年"研究与发展（R&D）经费支出与地区生产总值比例"分别是 2.17％、2.24％、2.32％，年均值为 2.24％，其中 2020 年达到最高水平，2018 年处于最低水平。

浙江省 2018—2020 年"研究与发展（R&D）经费支出与地区生产总值比例"分别是 1.98％、2.04％、2.16％，年均值为 2.06％，其中 2020 年达到最高水平，2018 年处于最低水平。

安徽省 2018—2020 年"研究与发展（R&D）经费支出与地区生产总值比例"分别是 1.46％、1.56％、1.65％，年均值为 1.56％，其中 2020 年达到最高水平，2018 年处于最低水平。

总体而言，在长三角区域，江苏省"研究与发展（R&D）经费支出与地区生产总值比例"最高，紧随其后的是浙江省、上海市、安徽省，说明江苏省对研究与发展方面的扶持力度大，重视其潜力，而安徽省逐年稳定提高研究与发展经费支出占比，说明安徽省对支持创新创业的技术层面的能力重视程度不断提高。

二、 财政性教育经费支出与地区生产总值比例

通过描述性分析可得(表 6-2),2018—2020 年长三角地区青年"财政性教育经费支出与地区生产总值比例"平均值分别为 3.03%、3.11%、3.21%,逐年递增,说明长三角地区青年创新创业研究与发展经费支出比例不断提升。

表 6-2 "财政性教育经费支出与地区生产总值比例"基本情况 %

地区	2018 年	2019 年	2020 年	年均值
上海	3.03	3.02	3.21	3.09
江苏	2.42	2.51	2.58	2.50
浙江	3.06	3.26	3.32	3.21
安徽	3.62	3.66	3.73	3.67
总额	12.13	12.45	12.83	—
平均值	3.03	3.11	3.21	—

上海市 2018—2020 年"财政性教育经费支出与地区生产总值比例"分别是 3.03%、3.02%、3.21%,年均值为 3.09%,其中 2020 年达到最高水平,2019 年处于最低水平。

江苏省 2018—2020 年"财政性教育经费支出与地区生产总值比例"分别是 2.42%、2.51%、2.58%,年均值为 2.50%,其中 2020 年达到最高水平,2018 年处于最低水平。

浙江省 2018—2020 年"财政性教育经费支出与地区生产总值比例"分别是 3.06%、3.26%、3.32%,年均值为 3.21%,其中 2020 年达到最高水平,2018 年处于最低水平。

安徽省 2018—2020 年"财政性教育经费支出与地区生产总值比例"分别是 3.62%、3.66%、3.73%,年均值为 3.67%,其中 2020 年达到最高水平,2018 年处于最低水平。

总体而言,在长三角区域,安徽省"财政性教育经费支出与地区生产总值比例"最高,紧随其后的是浙江省、上海市、江苏省,说明安徽省将政策侧重于教育事业,重视培养人才,这将有益于为创新创业储备人才。

三、 地方财政科技支出占地方财政支出比重

通过描述性分析可得(表 6-3),2018—2020 年长三角地区青年"地方财政科技支出占地方财政支出比重"平均值分别为 4.59%、4.89%、4.73%,2018 年到 2019 年增加,2019 年到 2020 年略有下降但仍高于 2018 年水平,说明长三角地区青年创新创业地方财政科技支出整体还是在提升。

表 6-3 "地方财政科技支出占地方财政支出比重"基本情况 %

地区	2018 年	2019 年	2020 年	年均值
上海	5.11	4.76	5.01	4.96
江苏	4.35	4.55	4.27	4.39
安徽	4.49	5.11	4.95	4.85
浙江	4.40	5.13	4.68	4.74
总额	18.34	19.56	18.92	—
平均值	4.59	4.89	4.73	—

上海市 2018—2020 年"地方财政科技支出占地方财政支出比重"分别是 5.11%、4.76%、5.01%,年均值为 4.96%,其中 2018 年达到最高水平,2019 年处于最低水平。

江苏省 2018—2020 年"地方财政科技支出占地方财政支出比重"分别是 4.35%、4.55%、4.27%,年均值为 4.39%,其中 2019 年达到最高水平,2020 年处于最低水平。

浙江省 2018—2020 年"地方财政科技支出占地方财政支出比重"分别是 4.40%、5.13%、4.68%,年均值为 4.74%,其中 2019 年达到最高水平,2018 年处于最低水平。

安徽省 2018—2020 年"地方财政科技支出占地方财政支出比重"分别是 4.49%、5.11%、4.95%,年均值为 4.85%,其中 2019 年达到最高水平,2018 年处于最低水平。

总体而言,在长三角区域,上海市"地方财政科技支出占地方财政支出比重"最高,紧随其后的是安徽省、浙江省、江苏省,但总体而言,四省的支出比例差距较小,说明长三角地区重视对科技水平的提高,这有利于不断创新、产出新技术。

四、 万人研究与发展（R&D）人员数

通过描述性分析可得（表 6-4）,2018—2020 年长三角地区青年"万人研究与发展（R&D）人员数"平均值分别为 42.47 人/万人、45.96 人/万人、49.03 人/万人,逐年增长,说明长三角地区研究人员数量在不断增加。

表 6-4 "万人研究与发展（R&D）人员数"基本情况   人/万人

地区	2018 年	2019 年	2020 年	年均值
上海	35.56	32.52	35.35	34.48
江苏	53.93	60.03	63.56	59.17
浙江	62.83	70.86	74.29	69.33
安徽	17.57	20.44	22.93	20.31
总额	169.90	183.85	196.13	—
均值	42.47	45.96	49.03	—

上海市 2018—2020 年"万人研究与发展（R&D）人员数"分别是 35.56 人/万人、32.52 人/万人、35.35 人/万人,均值为 34.48 人/万人,其中 2018 年达到最高水平,2019 年处于最低水平。

江苏省 2018—2020 年"万人研究与发展（R&D）人员数"分别是 53.93 人/万人、60.03 人/万人、63.56 人/万人,均值为 59.17 人/万人,其中 2020 年达到最高水平,2018 年处于最低水平。

浙江省 2018—2020 年"万人研究与发展（R&D）人员数"分别是 62.83 人/万人、70.86 人/万人、74.29 人/万人,均值为 69.33 人/万人,其中 2020 年达到最高水平,2018 年处于最低水平。

安徽省 2018—2020 年"万人研究与发展（R&D）人员数"分别是 17.57 人/万人、20.44 人/万人、22.93 人/万人,均值为 20.31 人/万人,其中 2020 年达到最高水平,2018 年处于最低水平。

总体而言,在长三角区域,浙江省"万人研究与发展（R&D）人员数"最高,紧随其后的是江苏省、上海市、安徽省。其中,江苏省和浙江省的研究与发展人员密度远超其余两省,这说明该两省的科研人才储备充足,有利于新产品和新项目的产出与推进。

五、 高等学校生均研究与发展投入经费

通过描述性分析可得（表6-5），2018—2020年长三角地区青年"高等学校生均研究与发展投入经费"平均值分别为1.13元/人、1.36元/人、1.35元/人，说明长三角地区研究与发展投入经费在稳定增加。

表6-5 "高等学校生均研究与发展投入经费"基本情况 元/人

地区	2018年	2019年	2020年	年均值
上海	2.64	3.23	2.99	2.95
江苏	0.76	0.91	0.84	0.83
浙江	0.76	0.94	0.98	0.89
安徽	0.35	0.36	0.60	0.44
总额	4.50	5.43	5.41	—
均值	1.13	1.36	1.35	—

上海市2018—2020年"高等学校生均研究与发展投入经费"分别是2.64元/人、3.23元/人、2.99元/人，均值为2.95元/人，其中2019年达到最高水平，2018年处于最低水平。

江苏省2018—2020年"高等学校生均研究与发展投入经费"分别是0.76元/人、0.91元/人、0.84元/人，均值为0.83元/人，其中2019年达到最高水平，2018年处于最低水平。

浙江省2018—2020年"高等学校生均研究与发展投入经费"分别是0.76元/人、0.94元/人、0.98元/人，均值为0.89元/人，其中2020年达到最高水平，2018年处于最低水平。

安徽省2018—2020年"高等学校生均研究与发展投入经费"分别是0.35元/人、0.36元/人、0.60元/人，均值为0.44元/人，其中2020年达到最高水平，2018年处于最低水平。

总体而言，在长三角区域，上海市"高等学校生均研究与发展投入经费"最高，紧随其后的是浙江省、江苏省、安徽省。其中，上海市的高等学校生均研究与发展投入经费远超其余三省，说明上海市重视对于高尖端人才的投入，科研条件优越，有利于其自由发挥其创造力，有利于产出新成果。

第二节 长三角地区青年创新创业投入的对比分析

一、 区域对比分析

（一）长三角"研究与发展（R&D）经费支出与地区生产总值比例"的区域特征

1. 上海市"研究与发展（R&D）经费支出与地区生产总值比例"

如图6-1所示，2018—2020年上海市"研究与发展（R&D）经费支出与地区生产总值比例"年平均值为1.58%。其中，2020年为1.64%，"研究与发展（R&D）经费支出与地区生产总值比例"处于最高值，2019年为1.55%，2018年为1.54%。

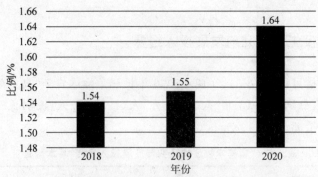

图 6-1 上海市"研究与发展（R&D）经费支出与地区生产总值比例"（2018—2020 年）

2. 江苏省"研究与发展（R&D）经费支出与地区生产总值比例"

如图 6-2 所示，2018—2020 年江苏省"研究与发展（R&D）经费支出与地区生产总值比例"年平均值为 2.24%。其中，2020 年为 2.32%，"研究与发展（R&D）经费支出与地区生产总值比例"处于最高值，2019 年为 2.24%，2018 年为 2.17%。

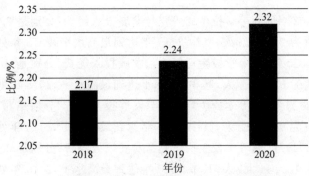

图 6-2 江苏省"研究与发展（R&D）经费支出与地区生产总值比例"（2018—2020 年）

3. 浙江省"研究与发展（R&D）经费支出与地区生产总值比例"

如图 6-3 所示，2018—2020 年浙江省"研究与发展（R&D）经费支出与地区生产总值比例"年平均值为 2.06%。其中，2020 年为 2.16%，"研究与发展（R&D）经费支出与地区生产总值比例"处于最高值，2019 年为 2.04%，2018 年为 1.98%。

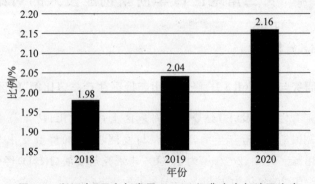

图 6-3 浙江省"研究与发展（R&D）经费支出与地区生产总值比例"（2018—2020 年）

4. 安徽省"研究与发展（R&D）经费支出与地区生产总值比例"

如图 6-4 所示，2018—2020 年安徽省"研究与发展（R&D）经费支出与地区生产总值比例"年平均值为 1.56%。其中，2020 年为 1.65%，"研究与发展（R&D）经费支出与地区生产总值比例"处于最高值，2019 年为 1.56%，2018 年为 1.46%。

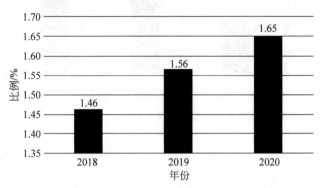

图 6-4　安徽省"研究与发展（R&D）经费支出与地区生产
总值比例"（2018—2020 年）

（二）长三角"财政性教育经费支出与地区生产总值比例"的区域特征

1. 上海市"财政性教育经费支出与地区生产总值比例"

如图 6-5 所示，2018—2020 年上海市"财政性教育经费支出与地区生产总值比例"年平均值为 3.09%。其中，2020 年为 3.21%，"财政性教育经费支出与地区生产总值比例"处于最高值，2018 年为 3.03%，2019 年为 3.02%。

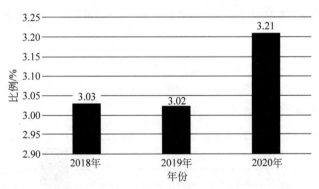

图 6-5　上海市"财政性教育经费支出与地区生产
总值比例"（2018—2020 年）

2. 江苏省"财政性教育经费支出与地区生产总值比例"

如图 6-6 所示，2018—2020 年江苏省"财政性教育经费支出与地区生产总值比例"年平均值为 2.5%。其中，2020 年为 2.58%，"财政性教育经费支出与地区生产总值比例"处于最高值，2019 年为 2.51%，2018 年为 2.42%。

3. 浙江省"财政性教育经费支出与地区生产总值比例"

如图 6-7 所示，2018—2020 年浙江省"财政性教育经费支出与地区生产总值比例"年平

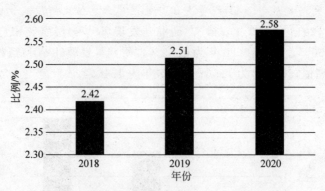

图 6-6　江苏省"财政性教育经费支出与地区生产总值比例"（2018—2020 年）

均值为 3.21%。其中,2020 年为 3.32%,"财政性教育经费支出与地区生产总值比例"处于最高值,2019 年为 3.26%,2018 年为 3.06%。

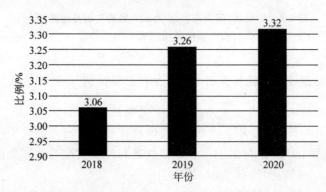

图 6-7　浙江省"财政性教育经费支出与地区生产总值比例"（2018—2020 年）

4. 安徽省"财政性教育经费支出与地区生产总值比例"

如图 6-8 所示,2018—2020 年安徽省"财政性教育经费支出与地区生产总值比例"年平均值为 3.67%。其中,2020 年为 3.73%,"财政性教育经费支出与地区生产总值比例"处于最高值,2019 年为 3.66%,2018 年为 3.62%。

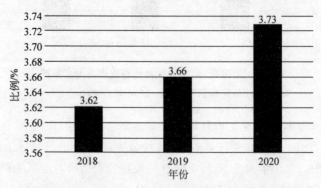

图 6-8　安徽省"财政性教育经费支出与地区生产总值比例"（2018—2020 年）

（三）长三角"地方财政科技支出占地方财政支出比重"的区域特征

1. 上海市"地方财政科技支出占地方财政支出比重"

如图 6-9 所示，2018—2020 年上海市"地方财政科技支出占地方财政支出比重"年平均值为 4.96%。其中，2018 年为 5.11%，"地方财政科技支出占地方财政支出比重"处于最高值，2020 年为 5.01%，2019 年为 4.76%。

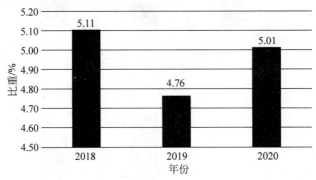

图 6-9　上海市"地方财政科技支出占地方财政支出比重"（2018—2020 年）

2. 江苏省"地方财政科技支出占地方财政支出比重"

如图 6-10 所示，2018—2020 年江苏省"地方财政科技支出占地方财政支出比重"年平均值为 4.39%。其中，2019 年为 4.55%，"地方财政科技支出占地方财政支出比重"处于最高值，2018 年为 4.35%，2020 年为 4.27%。

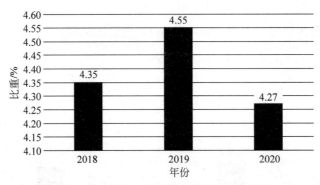

图 6-10　江苏省"地方财政科技支出占地方财政支出比重"（2018—2020 年）

3. 浙江省"地方财政科技支出占地方财政支出比重"

如图 6-11 所示，2018—2020 年浙江省"地方财政科技支出占地方财政支出比重"年平均值为 4.74%。其中，2019 年为 5.13%，"地方财政科技支出占地方财政支出比重"处于最高值，2020 年为 4.68%，2018 年为 4.40%。

4. 安徽省"地方财政科技支出占地方财政支出比重"

如图 6-12 所示，2018—2020 年安徽省"地方财政科技支出占地方财政支出比重"年平均值为 4.85%。其中，2019 年为 5.11%，"地方财政科技支出占地方财政支出比重"处于最高值，2020 年为 4.95%，2018 年为 4.49%。

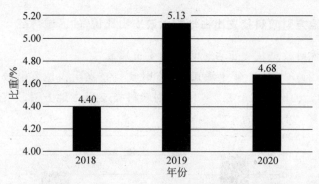

图 6-11　浙江省"地方财政科技支出占地方财政支出比重"(2018—2020 年)

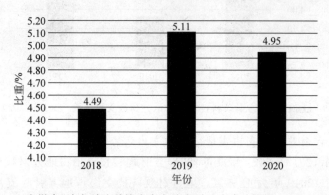

图 6-12　安徽省"地方财政科技支出占地方财政支出比重"(2018—2020 年)

(四) 长三角"万人研究与发展(R&D)人员数"的区域特征

1. 上海市"万人研究与发展(R&D)人员数"

如图 6-13 所示,2018—2020 年上海市"万人研究与发展(R&D)人员数"年平均值为 34.48 人/万人。其中,2018 年为 35.56 人/万人,"万人研究与发展(R&D)人员数"处于最高值,2020 年为 35.35 人/万人,2019 年为 32.52 人/万人。

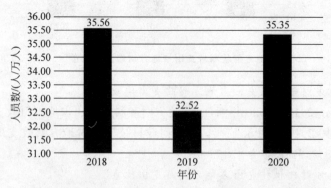

图 6-13　上海市"万人研究与发展(R&D)人员数"(2018—2020 年)

2. 江苏省"万人研究与发展(R&D)人员数"

如图 6-14 所示,2018—2020 年江苏省"万人研究与发展(R&D)人员数"年平均值为

59.17 人/万人。其中,2020 年为 63.56 人/万人,"万人研究与发展(R&D)人员数"处于最高值,2019 年为 60.03 人/万人,2018 年为 53.93 人/万人。

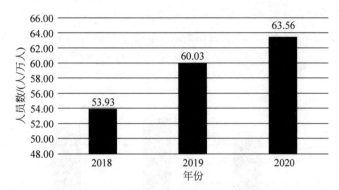

图 6-14　江苏省"万人研究与发展(R&D)人员数"(2018—2020 年)

3. 浙江省"万人研究与发展(R&D)人员数"

如图 6-15 所示,2018—2020 年浙江省"万人研究与发展(R&D)人员数"年平均值为 69.33 人/万人。其中,2020 年为 74.29 人/万人,"万人研究与发展(R&D)人员数"处于最高值,2019 年为 70.86 人/万人,2018 年为 62.83 人/万人。

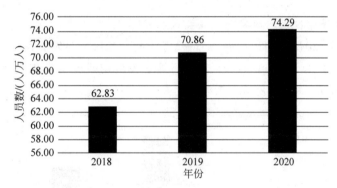

图 6-15　浙江省"万人研究与发展(R&D)人员数"(2018—2020 年)

4. 安徽省"万人研究与发展(R&D)人员数"

如图 6-16 所示,2018—2020 年安徽省"万人研究与发展(R&D)人员数"年平均值为 20.31 人/万人。其中,2020 年为 22.93 人/万人,"万人研究与发展(R&D)人员数"处于最高值,2019 为 20.44 人/万人,2018 年为 17.57 人/万人。

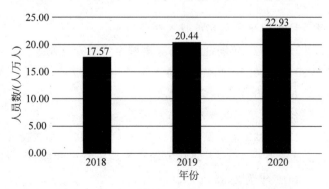

图 6-16　安徽省"万人研究与发展(R&D)人员数"(2018—2020 年)

（五）长三角"高等学校生均研究与发展投入经费"的区域特征

1. 上海市"高等学校生均研究与发展投入经费"

如图 6-17 所示，2018—2020 年上海市"高等学校生均研究与发展投入经费"年平均值为 2.95 元/人。其中，2019 年为 3.23 元/人，"高等学校生均研究与发展投入经费"处于最高值，2020 年为 2.99 元/人，2018 年为 2.64 元/人。

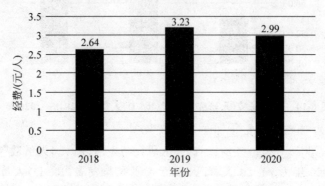

图 6-17　上海市"高等学校生均研究与发展投入经费"（2018—2020 年）

2. 江苏省"高等学校生均研究与发展投入经费"

如图 6-18 所示，2018—2020 年江苏省"高等学校生均研究与发展投入经费"年平均值为 0.83 元/人。其中，2019 年为 0.91 元/人，"高等学校生均研究与发展投入经费"处于最高值，2020 年为 0.84 元/人，2018 年为 0.76 元/人。

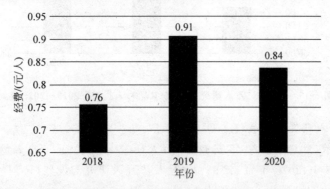

图 6-18　江苏省"高等学校生均研究与发展投入经费"（2018—2020 年）

3. 浙江省"高等学校生均研究与发展投入经费"

如图 6-19 所示，2018—2020 年浙江省"高等学校生均研究与发展投入经费"年平均值为 0.89 元/人。其中，2020 年为 0.98 元/人，"高等学校生均研究与发展投入经费"处于最高值，2019 年为 0.94 元/人，2018 年为 0.76 元/人。

4. 安徽省"高等学校生均研究与发展投入经费"

如图 6-20 所示，2018—2020 年安徽省"高等学校生均研究与发展投入经费"年平均值为 0.44 元/人。其中，2020 年为 0.6 元/人，"高等学校生均研究与发展投入经费"处于最高值，2019 年为 0.36 元/人，2018 年为 0.35 元/人。

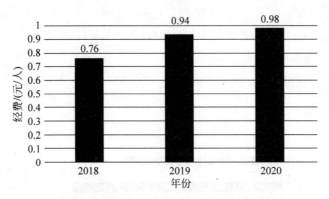

图 6-19　浙江省"高等学校生均研究与发展投入经费"（2018—2020 年）

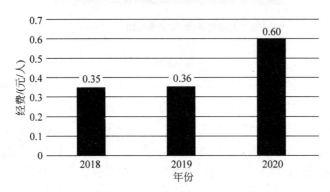

图 6-20　安徽省"高等学校生均研究与发展投入经费"（2018—2020 年）

二、 年度对比分析

（一）长三角"研究与发展（R&D）经费支出与地区生产总值比例"的年度特征

1. 2018 年"研究与发展（R&D）经费支出与地区生产总值比例"的分析

如图 6-21 所示，2018 年长三角区域"研究与发展（R&D）经费支出与地区生产总值比例"在"三省一市"存在差异，其中，江苏省"研究与发展（R&D）经费支出与地区生产总值比例"为 2.17％，处于领先地位；其次是浙江省、上海市、安徽省，分别为 1.98％、1.54％、1.46％。

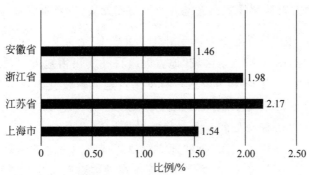

图 6-21　2018 年"研究与发展（R&D）经费支出与地区生产总值比例"

2. 2019 年"研究与发展(R&D)经费支出与地区生产总值比例"的分析

如图 6-22 所示,2019 年长三角区域"研究与发展(R&D)经费支出与地区生产总值比例"在"三省一市"存在差异,其中,江苏省"研究与发展(R&D)经费支出与地区生产总值比例"为 2.24%,处于领先地位;其次是浙江省、安徽省、上海市,分别为 2.04%、1.56%、1.55%。

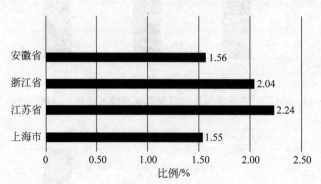

图 6-22 2019 年"研究与发展(R&D)经费支出与地区生产总值比例"

3. 2020 年"研究与发展(R&D)经费支出与地区生产总值比例"的分析

如图 6-23 所示,2020 年长三角区域"研究与发展(R&D)经费支出与地区生产总值比例"在"三省一市"存在差异。其中,江苏省"研究与发展(R&D)经费支出与地区生产总值比例"为 2.32%,处于领先地位;其次是浙江省、安徽省、上海市,分别为 2.16%、1.65%、1.64%。

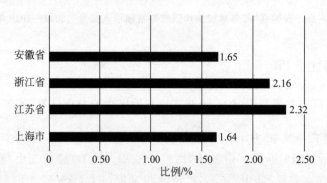

图 6-23 2020 年"研究与发展(R&D)经费支出与地区生产总值比例"

(二) 长三角"地方财政科技支出占地方财政支出比重"的年度特征

1. 2018 年"地方财政科技支出占地方财政支出比重"的分析

如图 6-24 所示,2018 年长三角区域"地方财政科技支出占地方财政支出比重"在"三省一市"存在差异。其中,上海市"地方财政科技支出占地方财政支出比重"为 5.11%,处于领先地位;其次是安徽省、浙江省、江苏省,分别为 4.49%、4.40%、4.35%。

2. 2019 年"地方财政科技支出占地方财政支出比重"的分析

如图 6-25 所示,2019 年长三角区域"地方财政科技支出占地方财政支出比重"在"三省一市"存在差异。其中,浙江省"地方财政科技支出占地方财政支出比重"为 5.13%,处于领先地位;其次是安徽省、上海市、江苏省,分别为 5.11%、4.76%、4.55%。

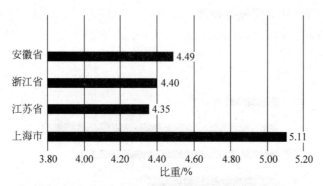

图 6-24　2018 年"地方财政科技支出占地方财政支出比重"

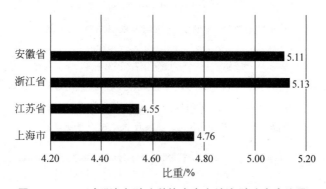

图 6-25　2019 年"地方财政科技支出占地方财政支出比重"

3. 2020 年"地方财政科技支出占地方财政支出比重"的分析

如图 6-26 所示,2020 年长三角区域"地方财政科技支出占地方财政支出比重"在"三省一市"存在差异。其中,上海市"地方财政科技支出占地方财政支出比重"为 5.01%,处于领先地位;其次是安徽省、浙江省、江苏省,分别为 4.95%、4.68%、4.27%。

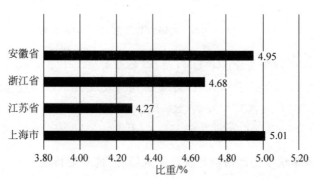

图 6-26　2020 年"地方财政科技支出占地方财政支出比重"

（三）长三角"万人研究与发展（R&D）人员数"的年度特征

1. 2018 年"万人研究与发展（R&D）人员数"的分析

如图 6-27 所示,2018 年长三角区域"万人研究与发展（R&D）人员数"在"三省一市"存在差异。其中,浙江省"万人研究与发展(R&D)人员数"为 62.83 人/万人,处于领先地位;其次是江苏省、上海市、安徽省,分别为 53.93 人/万人、35.56 人/万人、17.57 人/万人。

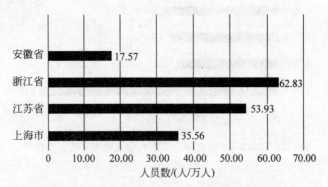

图 6-27　2018 年"万人研究与发展(R&D)人员数"

2. 2019 年"万人研究与发展(R&D)人员数"的分析

如图 6-28 所示,2019 年长三角区域"万人研究与发展(R&D)人员数"在"三省一市"存在差异。其中,浙江省"万人研究与发展(R&D)人员数"为 70.86 人/万人,处于领先地位;其次是江苏省、上海市、安徽省,分别为 60.03 人/万人、32.52 人/万人、20.44 人/万人。

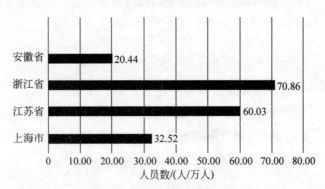

图 6-28　2019 年"万人研究与发展(R&D)人员数"

3. 2020 年"万人研究与发展(R&D)人员数"的分析

如图 6-29 所示,2020 年长三角区域"万人研究与发展(R&D)人员数"在"三省一市"存在差异。其中,浙江省"万人研究与发展(R&D)人员数"为 74.29 人/万人,处于领先地位;其次是江苏省、上海市、安徽省,分别为 63.56 人/万人、35.35 人/万人、22.93 人/万人。

(四) 长三角"高等学校生均研究与发展投入经费"的年度特征

1. 2018 年"高等学校生均研究与发展投入经费"的分析

如图 6-30 所示,2018 年长三角区域"高等学校生均研究与发展投入经费"在"三省一市"存在差异。其中,上海市"高等学校生均研究与发展投入经费"为 2.64 元/人,处于领先地位;其次是浙江省、江苏省、安徽省,分别为 0.76 元/人、0.76 元/人、0.35 元/人。

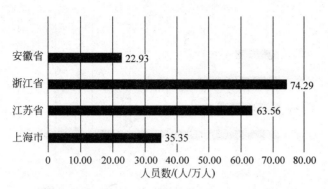

图 6-29　2020 年"万人研究与发展（R&D）人员数"

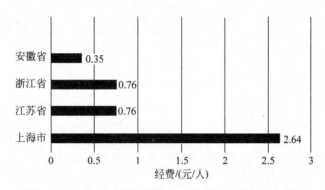

图 6-30　2018 年"高等学校生均研究与发展投入经费"

2. 2019 年"高等学校生均研究与发展投入经费"的分析

如图 6-31 所示,2019 年长三角区域"高等学校生均研究与发展投入经费"在"三省一市"存在差异。其中,上海市"高等学校生均研究与发展投入经费"为 3.23 元/人,处于领先地位;其次是浙江省、江苏省、安徽省,分别为 0.94 元/人、0.91 元/人、0.36 元/人。

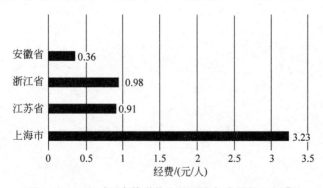

图 6-31　2019 年"高等学校生均研究与发展投入经费"

3. 2020 年"高等学校生均研究与发展投入经费"的分析

如图 6-32 所示,2020 年长三角区域"高等学校生均研究与发展投入经费"在"三省一市"存在差异。其中,上海市"高等学校生均研究与发展投入经费"为 2.99 元/人,处于领先地位;其次是浙江省、江苏省、安徽省,分别为 0.98 元/人、0.84 元/人、0.60 元/人。

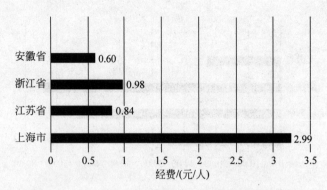

图 6-32 2020 年"高等学校生均研究与发展投入经费"

第七章
长三角地区青年创新创业产出现状及评价

一、高校毕业生就业率

通过描述性分析可得(表 7-1),2018—2020 年长三角地区青年"高校毕业生就业率"平均值分别为 93.33%、91.73%、90.00%,3 年间轻微下降,说明长三角地区高校毕业生就业率有小幅度下降的趋势。

表 7-1　"高校毕业生就业率"基本情况　　　　　　　　　　　　　　　%

地区	2018 年	2019 年	2020 年	年均值
上海	97.15	96.38	94.18	95.90
江苏	89.00	86.90	93.05	89.65
浙江	96.75	93.22	90.15	93.37
安徽	90.41	90.41	82.62	87.81
总额	373.31	366.91	360.00	—
均值	93.33	91.73	90.00	—

上海市 2018—2020 年"高校毕业生就业率"分别是 97.15%、96.38%、94.18%,均值为 95.90%,其中 2018 年达到最高水平,2020 年处于最低水平。

江苏省 2018—2020 年"高校毕业生就业率"分别是 89.00%、86.90%、93.05%,均值为 89.65%,其中 2020 年达到最高水平,2019 年处于最低水平。

浙江省 2018—2020 年"高校毕业生就业率"分别是 96.75%、93.22%、90.15%,均值为 93.37%,其中 2018 年达到最高水平,2020 年处于最低水平。

安徽省 2018—2020 年"高校毕业生就业率"分别是 90.41%、90.41%、82.62%,均值为 87.81%,其中 2018 年和 2019 年水平相等,2020 年处于最低水平。

总体而言,在长三角区域,上海市"高校毕业生就业率"最高,紧随其后的是浙江省、江苏省、安徽省。除江苏省外,其余三省在近 3 年内就业率有所下降,说明就业比例减小,待业人员增加,这给创业带来很大空间,增强了创业潜力。

二、 高校毕业生创业率

通过描述性分析可得（表 7-2），2018—2020 年长三角地区青年"高校毕业生创业率"平均值分别为 2.38％、2.69％、3.22％，说明长三角地区毕业生创业数量在逐年增长。

表 7-2 "高校毕业生创业率"基本情况 %

地区	2018 年	2019 年	2020 年	年均值
上海	0.85	0.73	0.68	0.75
江苏	2.43	3.00	3.60	3.01
浙江	3.89	3.64	4.00	3.84
安徽	2.35	3.40	4.60	3.45
总额	9.52	10.77	12.88	—
均值	2.38	2.69	3.22	—

上海市 2018—2020 年"高校毕业生创业率"分别是 0.85％、0.73％、0.68％，均值为 0.75％，其中 2018 年达到最高水平，2020 年处于最低水平。

江苏省 2018—2020 年"高校毕业生创业率"分别是 2.43％、3.00％、3.60％，均值为 3.01％，其中 2020 年达到最高水平，2018 年处于最低水平。

浙江省 2018—2020 年"高校毕业生创业率"分别是 3.89％、3.64％、4.00％，均值为 3.84％，其中 2020 年达到最高水平，2019 年处于最低水平。

安徽省 2018—2020 年"高校毕业生创业率"分别是 2.35％、3.40％、4.60％，均值为 3.45％，其中 2020 年达到最高水平，2018 年处于最低水平。

总体而言，在长三角区域，浙江省"高校毕业生创业率"最高，紧随其后的是安徽省、江苏省、上海市。除上海市外，其余三省创业率逐年上升，这说明近年来长三角地区的创业氛围良好。

三、 万人创新创业类竞赛获奖数

通过描述性分析可得（表 7-3），2018—2020 年长三角地区青年"万人创新创业类竞赛获奖数"平均值分别为 1.48 项/万人、1.78 项/万人、1.54 项/万人，数量较为稳定，说明长三角地区创新创业能力较强。

表 7-3 "万人创新创业类竞赛获奖数"基本情况 项/万人

地区	2018 年	2019 年	2020 年	年均值
上海	0.73	0.68	0.87	0.76
江苏	2.04	2.19	2.03	2.09
浙江	2.26	3.07	2.61	2.65
安徽	0.88	1.16	0.65	0.90
总额	5.91	7.10	6.17	—
均值	1.48	1.78	1.54	—

上海市2018—2020年"万人创新创业类竞赛获奖数"分别是0.73项/万人、0.68项/万人、0.87项/万人,年均值为0.76项/万人,其中2020年达到最高水平,2019年处于最低水平。

江苏省2018—2020年"万人创新创业类竞赛获奖数"分别是2.04项/万人、2.19项/万人、2.03项/万人,年均值为2.09项/万人,其中2019年达到最高水平,2020年处于最低水平。

浙江省2018—2020年"万人创新创业类竞赛获奖数"分别是2.26项/万人、3.07项/万人、2.61项/万人,年均值为2.65项/万人,其中2019年达到最高水平,2018年处于最低水平。

安徽省2018—2020年"万人创新创业类竞赛获奖数"分别是0.88项/万人、1.16项/万人、0.65项/万人,年均值为0.90项/万人,其中2019年达到最高水平,2020年处于最低水平。

总体而言,在长三角区域,浙江省"万人创新创业类竞赛获奖数"最高,紧随其后的是江苏省、安徽省、上海市。浙江省和江苏省的创新创业类竞赛获奖数量多,其可孵化的创新创业项目多,创新创业的潜力大。

四、 全国深化创新创业教育改革示范高校比例

通过描述性分析可得(表7-4),2018—2020年长三角地区青年"全国深化创新创业教育改革示范高校比例"平均值分别为8.14%、8.12%、8.14%,说明长三角地区深化教改高校规模比例稳定。

表7-4 "全国深化创新创业教育改革示范高校比例"基本情况　　　　　　　%

地区	2018 年	2019 年	2020 年	年均值
上海	9.38	9.38	9.52	9.42
江苏	7.19	7.19	7.19	7.19
浙江	9.26	9.26	9.17	9.23
安徽	6.72	6.67	6.67	6.69
总额	32.54	32.49	32.55	—
均值	8.14	8.12	8.14	—

上海市2018—2020年"全国深化创新创业教育改革示范高校比例"分别是9.38%、9.38%、9.52%,均值为9.42%,其中2018年和2019年水平相同,2020年处于最高水平。

江苏省2018—2020年"全国深化创新创业教育改革示范高校比例"分别是7.19%、7.19%、7.19%,均值为7.19%,3年间水平基本保持不变。

浙江省2018—2020年"全国深化创新创业教育改革示范高校比例"分别是9.26%、9.26%、9.17%,均值为9.23%,其中2018年和2019年水平相同,2020年处于最低水平。

安徽省2018—2020年"全国深化创新创业教育改革示范高校比例"分别是6.72%、6.67%、6.67%,均值为6.69%,其中2019年和2020年水平相同,2018年处于最高水平。

总体而言,在长三角区域,上海市"全国深化创新创业教育改革示范高校比例"最高,紧随其后的是浙江省、江苏省、安徽省。上海市和浙江省的深化教改高校规模比例大,这有利

于营造从学校层面培养青年创新创业的氛围,推动创新创业的数量增加。

五、 科技企业孵化器当年获得风险投资额

通过描述性分析可得(表 7-5),2018—2020 年长三角地区青年"科技企业孵化器当年获得风险投资额"平均值分别为 598 514.10 万元、593 296.25 万元、878 578.58 万元,2020 年较 2018、2019 两年有所上升,说明长三角地区科技企业孵化器当年获得风险投资额有所上升。

表 7-5　"科技企业孵化器当年获得风险投资额"基本情况　　　　　　　　万元

地区	2018 年	2019 年	2020 年	年均值
上海	940 956.30	672 125.50	929 978.60	847 686.80
江苏	940 841.70	1 094 725.80	1 665 599.10	1 233 722.20
浙江	437 210.80	495 278.00	801 210.70	577 899.83
安徽	75 047.60	111 055.70	117 525.90	101 209.73
总额	2 394 056.40	2 373 185.00	3 514 314.30	—
均值	598 514.10	593 296.25	878 578.58	—

上海市 2018—2020 年"科技企业孵化器当年获得风险投资额"分别是 940 956.30 万元、672 125.50 万元、929 978.60 万元,均值为 847 686.80 万元,其中 2018 年达到最高水平,2019 年处于最低水平。

江苏省 2018—2020 年"科技企业孵化器当年获得风险投资额"分别是 940 841.70 万元、1 094 725.80 万元、1 665 599.10 万元,均值为 1 233 722.20 万元,其中 2020 年达到最高水平,2018 年处于最低水平。

浙江省 2018—2020 年"科技企业孵化器当年获得风险投资额"分别是 437 210.80 万元、495 278.00 万元、801 210.70 万元,均值为 577 899.83 万元,其中 2020 年达到最高水平,2018 年处于最低水平。

安徽省 2018—2020 年"科技企业孵化器当年获得风险投资额"分别是 75 047.60 万元、111 055.70 万元、117 525.90 万元,均值为 101 209.73 万元,其中 2020 年达到最高水平,2018 年处于最低水平。

总体而言,在长三角区域,江苏省"科技企业孵化器当年获得风险投资额"最高,紧随其后的是安徽省、上海市、浙江省。长三角地区科技企业孵化器当年获得风险投资额的逐年增加,将有利于科技企业的新技术和新科技的孵化,有利于为创新创业提供有力的资金支持。

六、 众创空间企业当年获得投资总额

通过描述性分析可得(表 7-6),2018—2020 年长三角地区青年"众创空间企业当年获得投资总额"平均值分别为 417 983.00 万元、466 286.75 万元、323 124.50 万元,波动下降,说明长三角地区众创空间企业所获投资有所减少。

表 7-6　"众创空间企业当年获得投资总额"基本情况　　　　　　　万元

地区	2018 年	2019 年	2020 年	年均值
上海	852 474.00	1 275 665.00	567 221.00	898 453.33
江苏	322 141.00	239 896.00	411 693.00	324 576.67
浙江	451 429.00	304 794.00	289 507.00	348 576.67
安徽	45 888.00	44 792.00	24 077.00	38 252.33
总额	1 671 932.00	1 865 147.00	1 292 498.00	—
均值	417 983.00	466 286.75	323 124.50	—

　　上海市 2018—2020 年"众创空间企业当年获得投资总额"分别是 852 474.00 万元、1 275 665.00 万元、567 221.00 万元,均值为 898 453.33 万元,其中 2019 年达到最高水平,2020 年处于最低水平。

　　江苏省 2018—2020 年"众创空间企业当年获得投资总额"分别是 322 141.00 万元、239 896.00 万元、411 693.00 万元,均值为 324 576.67 万元,其中 2020 年达到最高水平,2019 年处于最低水平。

　　浙江省 2018—2020 年"众创空间企业当年获得投资总额"分别是 451 429.00 万元、304 794.00 万元、289 507.00 万元,均值为 348 576.67 万元,其中 2018 年达到最高水平,2020 年处于最低水平。

　　安徽省 2018—2020 年"众创空间企业当年获得投资总额"分别是 45 888.00 万元、44 792.00 万元、24 077.00 万元,均值为 38 252.33 万元,其中 2018 年达到最高水平,2020 年处于最低水平。

　　总体而言,在长三角区域,上海市"众创空间企业当年获得投资总额"最高,紧随其后的是浙江省、江苏省、安徽省。

第二节　长三角地区青年创新创业产出的对比分析

一、区域对比分析

(一)长三角"高校毕业生就业率"的区域特征

1. 上海市"高校毕业生就业率"

　　如图 7-1 所示,2018—2020 年上海市"高校毕业生就业率"年平均值为 95.90%。其中,2018 年为 97.15%,"高校毕业生就业率"处于最高值,2019 年为 96.38%,2020 年为 94.18%。

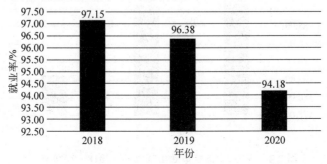

图 7-1　上海市"高校毕业生就业率"(2018—2020 年)

2. 江苏省"高校毕业生就业率"

如图 7-2 所示,2018—2020 年江苏省"高校毕业生就业率"年平均值为 89.65%。其中,2020 年为 93.05%,"高校毕业生就业率"处于最高值,2018 年为 89%,2019 年为 86.90%。

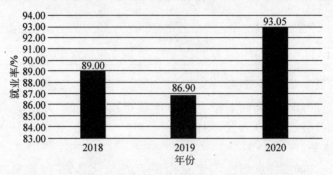

图 7-2   江苏省"高校毕业生就业率"(2018—2020 年)

3. 浙江省"高校毕业生就业率"

如图 7-3 所示,2018—2020 年浙江省"高校毕业生就业率"年平均值为 93.37%。其中,2018 年为 96.75%,"高校毕业生就业率"处于最高值,2019 年为 93.22%,2020 年为 90.15%。

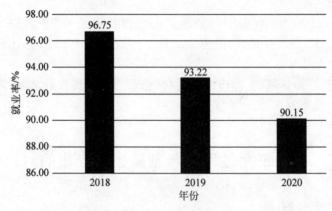

图 7-3   浙江省"高校毕业生就业率"(2018—2020 年)

4. 安徽省"高校毕业生就业率"

如图 7-4 所示,2018—2020 年安徽省"高校毕业生就业率"年平均值为 87.81%。其中,"高校毕业生就业率"在 2018 年和 2019 年为 90.41%,2020 年为 82.62%。

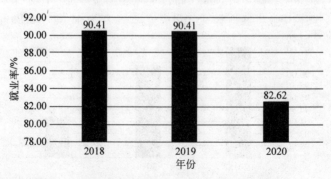

图 7-4   安徽省"高校毕业生就业率"(2018—2020 年)

（二）长三角"高校毕业生创业率"的区域特征

1. 上海市"高校毕业生创业率"

如图7-5所示,2018—2020年上海市"高校毕业生创业率"年平均值为0.75％。其中,
2018年为0.85％,"高校毕业生创业率"处于最高值,2019年为0.73％,2020年为0.68％。

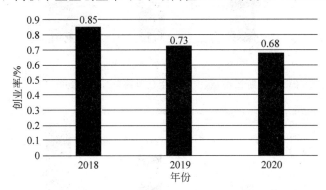

图7-5　上海市"高校毕业生创业率"（2018—2020年）

2. 江苏省"高校毕业生创业率"

如图7-6所示,2018—2020年江苏省"高校毕业生创业率"年平均值为3.01％。其中,
2020年为3.60％,"高校毕业生创业率"处于最高值,2019年为3.00％,2018年为2.43％。

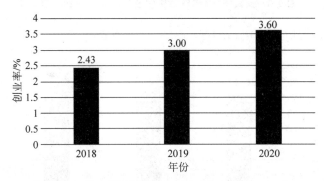

图7-6　江苏省"高校毕业生创业率"（2018—2020年）

3. 浙江省"高校毕业生创业率"

如图7-7所示,2018—2020年浙江省"高校毕业生创业率"年平均值为3.84％。其中,
2020年为4.00％,"高校毕业生创业率"处于最高值,2018年为3.89％,2019年为3.64％。

4. 安徽省"高校毕业生创业率"

如图7-8所示,2018—2020年安徽省"高校毕业生创业率"年平均值为3.45％。其中,
2020年为4.60％,"高校毕业生创业率"处于最高值,2019年为3.40％,2018年为2.35％。

（三）长三角"万人创新创业类竞赛获奖数"的区域特征

1. 上海市"万人创新创业类竞赛获奖数"

如图7-9所示,2018—2020年上海市"万人创新创业类竞赛获奖数"年平均值为0.76项/
万人。其中,2020年为0.87项/万人,"万人创新创业类竞赛获奖数"处于最高值,2018年为

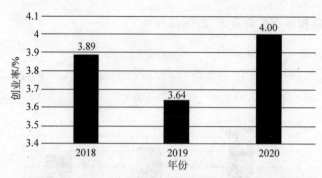

图 7-7 浙江省"高校毕业生创业率"（2018—2020 年）

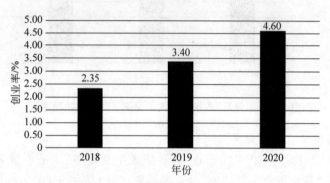

图 7-8 安徽省"高校毕业生创业率"（2018—2020 年）

0.73 项/万人，2019 年为 0.68 项/万人。

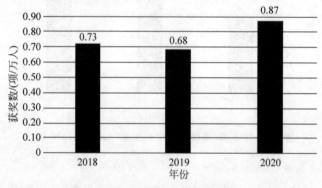

图 7-9 上海市"万人创新创业类竞赛获奖数"（2018—2020 年）

2. 江苏省"万人创新创业类竞赛获奖数"

如图 7-10 所示，2018—2020 年江苏省"万人创新创业类竞赛获奖数"年平均值为 2.09 项/万人。其中，2019 年为 2.19 项/万人，"万人创新创业类竞赛获奖数"处于最高值，2018 年为 2.04 项/万人，2020 年为 2.03 项/万人。

3. 浙江省"万人创新创业类竞赛获奖数"

如图 7-11 所示，2018—2020 年浙江省"万人创新创业类竞赛获奖数"年平均值为 2.65 项/万人。其中，2019 年为 3.07 项/万人，"万人创新创业类竞赛获奖数"处于最高值，2020 年为 2.61 项/万人，2018 年为 2.26 项/万人。

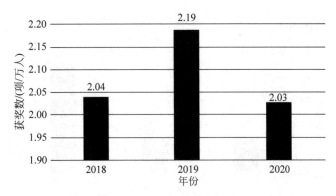

图 7-10　江苏省"万人创新创业类竞赛获奖数"（2018—2020 年）

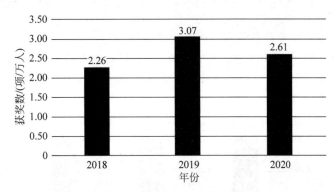

图 7-11　浙江省"万人创新创业类竞赛获奖数"（2018—2020 年）

4. 安徽省"万人创新创业类竞赛获奖数"

如图 7-12 所示,2018—2020 年安徽省"万人创新创业类竞赛获奖数"年平均值为 0.90 项/万人。其中,2019 年为 1.16 项/万人,"万人创新创业类竞赛获奖数"处于最高值,2018 年为 0.88 项/万人,2020 年为 0.65 项/万人。

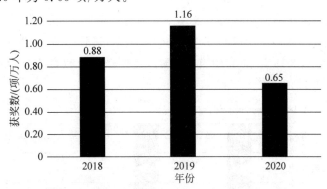

图 7-12　安徽省"万人创新创业类竞赛获奖数"（2018—2020 年）

（四）长三角"全国深化创新创业教育改革示范高校比例"的区域特征

1. 上海市"全国深化创新创业教育改革示范高校比例"

如图 7-13 所示,2018—2020 年上海市"全国深化创新创业教育改革示范高校比例"年平均值为 9.42%。其中,2020 年为 9.52%,"全国深化创新创业教育改革示范高校比例"处于最高值,2018年和2019年均为9.38%。

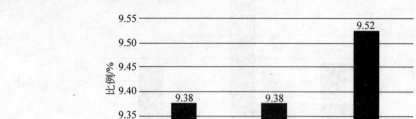

图7-13 上海市"全国深化创新创业教育改革示范高校比例"(2018—2020年)

2. 江苏省"全国深化创新创业教育改革示范高校比例"

如图7-14所示,2018—2020年江苏省"全国深化创新创业教育改革示范高校比例"年平均值为7.19%。其中,"全国深化创新创业教育改革示范高校比例"2018年、2019年和2020年均为7.19%,3年保持不变。

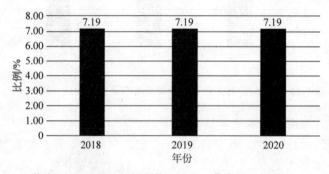

图7-14 江苏省"全国深化创新创业教育改革示范高校比例"(2018—2020年)

3. 浙江省"全国深化创新创业教育改革示范高校比例"

如图7-15所示,2018—2020年江苏省"全国深化创新创业教育改革示范高校比例"年平均值为9.23%。其中,2018年和2019年"全国深化创新创业教育改革示范高校比例"均为9.26%,2020年为9.17%。

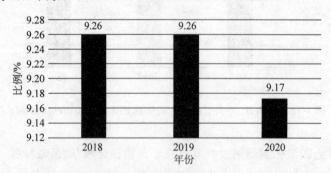

图7-15 浙江省"全国深化创新创业教育改革示范高校比例"(2018—2020年)

4. 安徽省"全国深化创新创业教育改革示范高校比例"

如图 7-16 所示,2018—2020 年安徽省"全国深化创新创业教育改革示范高校比例"年平均值为 6.69%。其中,2018 年为 6.72%,"全国深化创新创业教育改革示范高校比例"处于最高值,2019 年和 2020 年均为 6.67%。

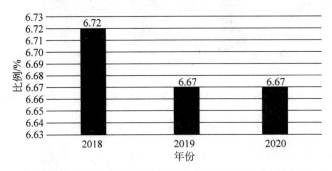

图 7-16 安徽省"全国深化创新创业教育改革示范高校比例"(2018—2020 年)

(五)长三角"科技企业孵化器当年获得风险投资额"的区域特征

1. 上海市"科技企业孵化器当年获得风险投资额"

如图 7-17 所示,2018—2020 年上海市"科技企业孵化器当年获得风险投资额"年平均值为 847 686.80 万元。其中,2018 年为 940 956.30 万元,"科技企业孵化器当年获得风险投资额"处于最高值,2020 年为 929 978.60 万元,2019 年为 672 125.50 万元。

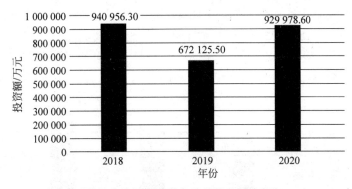

图 7-17 上海市"科技企业孵化器当年获得风险投资额"(2018—2020 年)

2. 江苏省"科技企业孵化器当年获得风险投资额"

如图 7-18 所示,2018—2020 年江苏省"科技企业孵化器当年获得风险投资额"年平均值为 1 233 722.20 万元。其中,2020 年为 1 665 599.10 万元,"科技企业孵化器当年获得风险投资额"处于最高值,2019 年为 1 094 725.80 万元,2018 年为 940 841.70 万元。

3. 浙江省"科技企业孵化器当年获得风险投资额"

如图 7-19 所示,2018—2020 年浙江省"科技企业孵化器当年获得风险投资额"年平均值为 577 899.83 万元。其中,2020 年为 801 210.70 万元,"科技企业孵化器当年获得风险投资额"处于最高值,2019 年为 495 278.00 万元,2018 年为 437 210.80 万元。

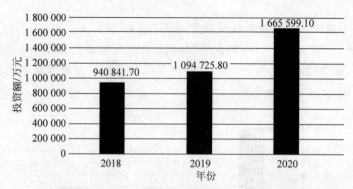

图 7-18　江苏省"科技企业孵化器当年获得风险投资额"（2018—2020 年）

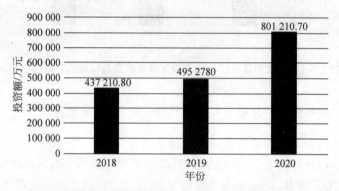

图 7-19　浙江省"科技企业孵化器当年获得风险投资额"（2018—2020 年）

4. 安徽省"科技企业孵化器当年获得风险投资额"

如图 7-20 所示，2018—2020 年安徽省"科技企业孵化器当年获得风险投资额"年平均值为 101 209.73 万元。其中，2020 年为 117 525.90 万元，"科技企业孵化器当年获得风险投资额"处于最高值，2019 年为 111 055.70 万元，2018 年为 75 047.60 万元。

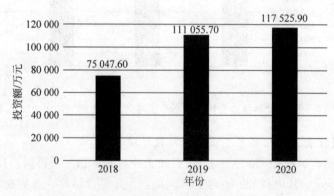

图 7-20　安徽省"科技企业孵化器当年获得风险投资额"（2018—2020 年）

（六）长三角"众创空间企业当年获得投资总额"的区域特征

1. 上海市"众创空间企业当年获得投资总额"

如图 7-21 所示，2018—2020 年上海市"众创空间企业当年获得投资总额"年平均值为 898 453.33 万元。其中，2019 年为 1 275 665.00 万元，"众创空间企业当年获得投资总额"

处于最高值,2018 年为 852 474.00 万元,2020 年为 567 221.00 万元。

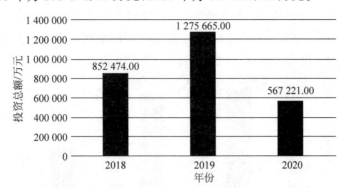

图 7-21　上海市"众创空间企业当年获得投资总额"(2018—2020 年)

2. 江苏省"众创空间企业当年获得投资总额"

如图 7-22 所示,2018—2020 年江苏省"众创空间企业当年获得投资总额"年平均值为 324 576.67 万元。其中,2020 年为 411 693.00 万元,"众创空间企业当年获得投资总额"处于最高值,2018 年为 322 141.00 万元,2019 年为 239 896.00 万元。

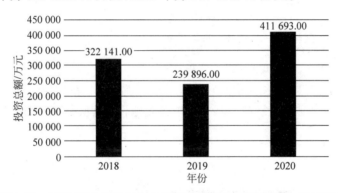

图 7-22　江苏省"众创空间企业当年获得投资总额"(2018—2020 年)

3. 浙江省"众创空间企业当年获得投资总额"

如图 7-23 所示,2018—2020 年浙江省"众创空间企业当年获得投资总额"年平均值为 348 576.67 万元。其中,2018 年为 451 429.00 万元,"众创空间企业当年获得投资总额"处于最高值,2019 年为 304 794.00 万元,2020 年为 289 507.00 万元。

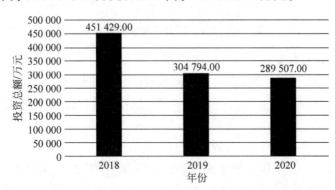

图 7-23　浙江省"众创空间企业当年获得投资总额"(2018—2020 年)

4. 安徽省"众创空间企业当年获得投资总额"

如图 7-24 所示,2018—2020 年安徽省"众创空间企业当年获得投资总额"年平均值为 38 252.33 万元。其中,2018 年为 45 888.00 万元,"众创空间企业当年获得投资总额"处于最高值,2019 年为 44 792.00 万元,2020 年为 24 077.00 万元。

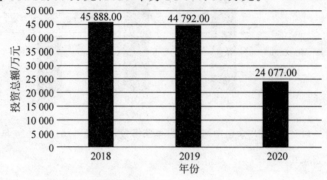

图 7-24 安徽省"众创空间企业当年获得投资总额"(2018—2020 年)

二、年度对比分析

(一)长三角"高校毕业生就业率"的年度特征

1. 2018 年"高校毕业生就业率"的分析

如图 7-25 所示,2018 年长三角区域"高校毕业生就业率"在"三省一市"存在差异,其中,上海市"高校毕业生就业率"为 97.15%,处于领先地位;其次是浙江省、安徽省、江苏省,分别为 96.75%、90.41%、89.00%。

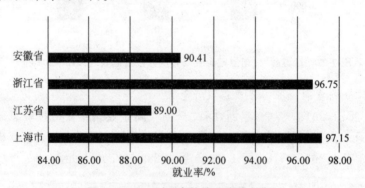

图 7-25 2018 年"高校毕业生就业率"

2. 2019 年"高校毕业生就业率"的分析

如图 7-26 所示,2019 年长三角区域"高校毕业生就业率"在"三省一市"存在差异,其中,上海市"高校毕业生就业率"为 96.38%,处于领先地位;其次是浙江省、安徽省、江苏省,分别为 93.22%、90.41%、86.90%。

3. 2020 年"高校毕业生就业率"的分析

如图 7-27 所示,2020 年长三角区域"高校毕业生就业率"在"三省一市"存在差异,其中,上海市"高校毕业生就业率"为 94.18%,处于领先地位;其次是江苏省、浙江省、安徽省,分

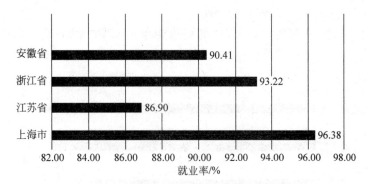

图 7-26　2019 年"高校毕业生就业率"

别为 93.05%、90.15%、82.62%。

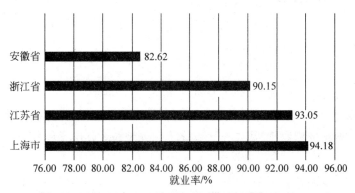

图 7-27　2020 年"高校毕业生就业率"

(二) 长三角"高校毕业生创业率"的年度特征

1. 2018 年"高校毕业生创业率"的分析

如图 7-28 所示,2018 年长三角区域"高校毕业生创业率"在"三省一市"存在差异。其中,浙江省"高校毕业生创业率"为 3.89%,处于领先地位;其次是江苏省、安徽省、上海市,分别为 2.43%、2.35%、0.85%。

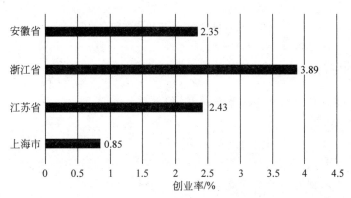

图 7-28　2018 年"高校毕业生创业率"

2. 2019 年"高校毕业生创业率"的分析

如图 7-29 所示,2019 年长三角区域"高校毕业生创业率"在"三省一市"存在差异。其中,浙江省"高校毕业生创业率"为 3.64%,处于领先地位;其次是安徽省、江苏省、上海市,分别为 3.40%、3.00%、0.73%。

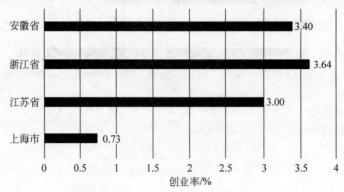

图 7-29 2019 年"高校毕业生创业率"

3. 2020 年"高校毕业生创业率"的分析

如图 7-30 所示,2020 年长三角区域"高校毕业生创业率"在"三省一市"存在差异。其中,安徽省"高校毕业生创业率"为 4.60%,处于领先地位;其次是浙江省、江苏省、上海市,分别为 4.00%、3.60%、0.68%。

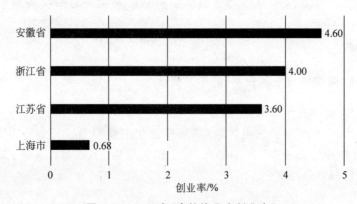

图 7-30 2020 年"高校毕业生创业率"

(三)长三角"万人创新创业类竞赛获奖数"的年度特征

1. 2018 年"万人创新创业类竞赛获奖数"的分析

如图 7-31 所示,2018 年长三角区域"万人创新创业类竞赛获奖数"在"三省一市"存在差异。其中,浙江省"万人创新创业类竞赛获奖数"为 2.26 项/万人,处于领先地位;其次是江苏省、安徽省、上海市,分别为 2.04 项/万人、0.88 项/万人、0.73 项/万人。

2. 2019 年"万人创新创业类竞赛获奖数"的分析

如图 7-32 所示,2019 年长三角区域"万人创新创业类竞赛获奖数"在"三省一市"存在差异。其中,浙江省"万人创新创业类竞赛获奖数"为 3.07 项/万人,处于领先地位;其次是江

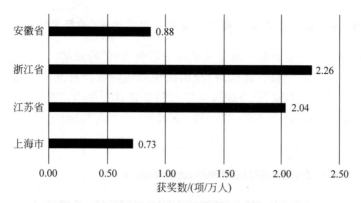

图 7-31　2018 年"万人创新创业类竞赛获奖数"

苏省、安徽省、上海市,分别为 2.19 项/万人、1.16 项/万人、0.68 项/万人。

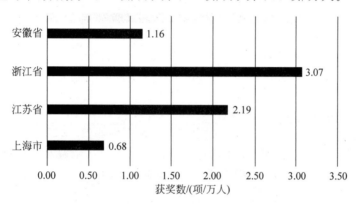

图 7-32　2019 年"万人创新创业类竞赛获奖数"

3. 2020 年"万人创新创业类竞赛获奖数"的分析

如图 7-33 所示,2020 年长三角区域"万人创新创业类竞赛获奖数"在"三省一市"存在差异。其中,浙江省"万人创新创业类竞赛获奖数"为 2.61 项/万人,处于领先地位;其次是江苏省、上海市、安徽省,分别为 2.03 项/万人、0.87 项/万人、0.65 项/万人。

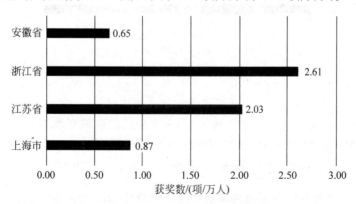

图 7-33　2020 年"万人创新创业类竞赛获奖数"

（四）长三角"全国深化创新创业教育改革示范高校比例"的年度特征

1. 2018年"全国深化创新创业教育改革示范高校比例"的分析

如图7-34所示，2018年长三角区域"全国深化创新创业教育改革示范高校比例"在"三省一市"存在差异。其中，上海市"全国深化创新创业教育改革示范高校比例"为9.38%，处于领先地位；其次是浙江省、江苏省、安徽省，分别为9.26%、7.19%、6.72%。

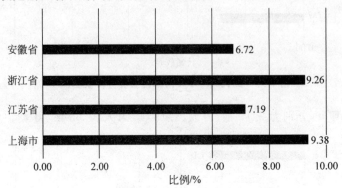

图7-34　2018年"全国深化创新创业教育改革示范高校比例"

2. 2019年"全国深化创新创业教育改革示范高校比例"的分析

如图7-35所示，2019年长三角区域"全国深化创新创业教育改革示范高校比例"在"三省一市"存在差异。其中，上海市"全国深化创新创业教育改革示范高校比例"为9.38%，处于领先地位；其次是浙江省、江苏省、安徽省，分别为9.26%、7.19%、6.67%。

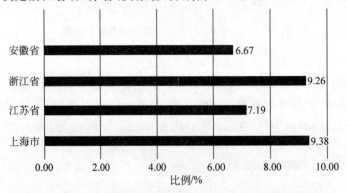

图7-35　2019年"全国深化创新创业教育改革示范高校比例"

3. 2020年"全国深化创新创业教育改革示范高校比例"的分析

如图7-36所示，2020年长三角区域"全国深化创新创业教育改革示范高校比例"在"三省一市"存在差异。其中，上海市"全国深化创新创业教育改革示范高校比例"为9.52%，处于领先地位；其次是浙江省、江苏省、安徽省，分别为9.17%、7.19%、6.67%。

（五）长三角"科技企业孵化器当年获得风险投资额"的年度特征

1. 2018年"科技企业孵化器当年获得风险投资额"的分析

如图7-37所示，2018年长三角区域"科技企业孵化器当年获得风险投资额"在"三省一市"

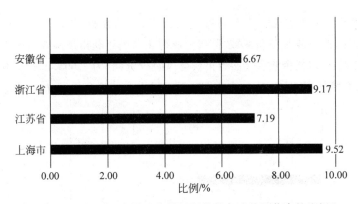

图 7-36　2020 年"全国深化创新创业教育改革示范高校比例"

存在差异。其中,上海市"科技企业孵化器当年获得风险投资额"为 940 956.30 万元,处于领先地位;其次是江苏省、浙江省、安徽省,分别为 940 841.70 万元、437 210.80 万元、75 047.60 万元。

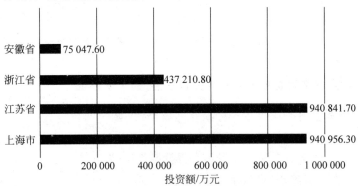

图 7-37　2018 年"科技企业孵化器当年获得风险投资额"

2. 2019 年"科技企业孵化器当年获得风险投资额"的分析

如图 7-38 所示,2019 年长三角区域"科技企业孵化器当年获得风险投资额"在"三省一市"存在差异。其中,江苏省"科技企业孵化器当年获得风险投资额"为 1 094 725.80 万元,处于领先地位;其次是上海市、浙江省、安徽省,分别为 672 125.50 万元、495 278.00 万元、111 055.70 万元。

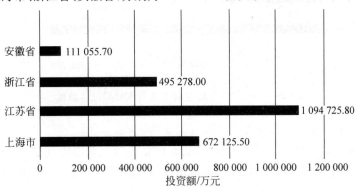

图 7-38　2019 年"科技企业孵化器当年获得风险投资额"

3. 2020 年"科技企业孵化器当年获得风险投资额"的分析

如图 7-39 所示,2020 年长三角区域"科技企业孵化器当年获得风险投资额"在"三省一市"存在差异。其中,江苏省"科技企业孵化器当年获得风险投资额"为 1 665 599.10 万元,处于领先地位;其次是上海市、浙江省、安徽省,分别为 929 978.60 万元、801 210.70 万元、117 525.90 万元。

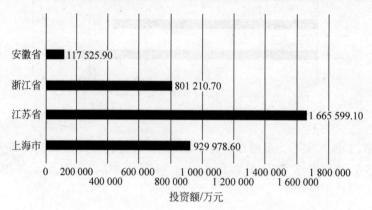

图 7-39 2020 年"科技企业孵化器当年获得风险投资额"

(六)长三角"众创空间企业当年获得投资总额"的年度特征

1. 2018 年"众创空间企业当年获得投资总额"的分析

如图 7-40 所示,2018 年长三角区域"众创空间企业当年获得投资总额"在"三省一市"存在差异。其中,上海市"众创空间企业当年获得投资总额"为 852 474.00 万元,处于领先地位;其次是浙江省、江苏省、安徽省,分别为 451 429.00 万元、322 141.00 万元、45 888.00 万元。

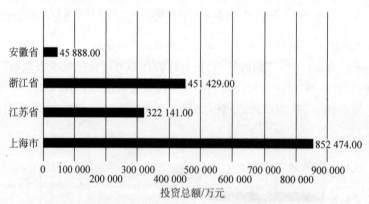

图 7-40 2018 年"众创空间企业当年获得投资总额"

2. 2019 年"众创空间企业当年获得投资总额"的分析

如图 7-41 所示,2019 年长三角区域"众创空间企业当年获得投资总额"在"三省一市"存在差异。其中,上海市"众创空间企业当年获得投资总额"为 1 275 665.00 万元,处于领先地位;其次是浙江省、江苏省、安徽省,分别为 304 794.00 万元、239 896.00 万元、44 792.00 万元。

3. 2020 年"众创空间企业当年获得投资总额"的分析

如图 7-42 所示,2020 年长三角区域"众创空间企业当年获得投资总额"在"三省一市"存

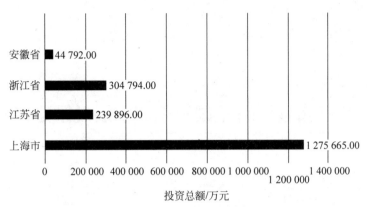

图 7-41 2019 年"众创空间企业当年获得投资总额"

在差异。其中,上海市"众创空间企业当年获得投资总额"为 567 221.00 万元,处于领先地位;其次是江苏省、浙江省、安徽省,分别为 411 693.00 万元、289 507.00 万元、24 077.00 万元。

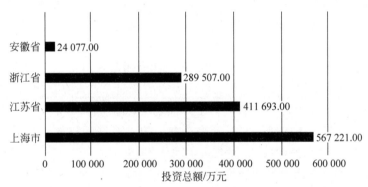

图 7-42 2020 年"众创空间企业当年获得投资总额"

第八章
长三角地区青年创新创业发展对策建议

　　长三角一体化战略是由习近平总书记亲自谋划、亲自部署、亲自推动的一项重大国家战略。自此以来,长三角三省一市(江苏省、浙江省、安徽省、上海市)在党中央、国务院的坚强领导下,紧扣"一体化"和"高质量"两个关键词,聚焦"率先形成新发展格局、勇当我国科技和产业创新的开路先锋、加快打造改革开放新高地"三大使命,发挥上海龙头带动作用,苏浙皖各扬所长,立足"一极三区一高地"战略定位,长三角一体化发展取得丰硕成果。

　　2022年10月18日,党的二十大新闻中心举行第二场集体采访。黑龙江、上海、江苏、浙江、安徽、福建、江西代表团新闻发言人出席,介绍代表团学习讨论二十大报告情况,并回答记者提问。上海、江苏、浙江、安徽三省一市代表团的新闻发言人在集体采访中回答了有关长三角一体化发展战略实施情况的提问。上海代表团新闻发言人,上海市委常委、宣传部部长赵嘉鸣表示,上海市认真贯彻落实习近平总书记的重要讲话和重要指示批示精神,抓住"一体化"和"高质量"两个关键词,发挥龙头带动作用,重点体现在"一个强化""四个聚焦",即强化功能辐射;聚焦重点领域协同推进,聚焦重点区域实现率先突破,聚焦重大项目强化落实,聚焦重大平台深化合作。江苏代表团新闻发言人,江苏省委常委、宣传部部长张爱军表示,江苏作为长三角区域内的重要省份,始终胸怀"两个大局",扬江苏所长,展江苏优势,在长三角一体化发展的国家战略布局中,发挥了江苏作用,贡献了江苏力量。江苏在参与和推动这个战略实施过程中,重点做了以下几个方面的工作:着力构建国家战略的实施体系,持续增强制造业优势,努力推进一批重大事项,不断增强人民群众的获得感。浙江代表团新闻发言人,浙江省委常委、宣传部部长王纲表示,浙江在融入长三角中有着自身特色,即浙江拥有数字化改革和数字经济先发优势,在数字长三角一体化中作出了独特的贡献;浙江拥有民营经济发达的比较优势,在长三角高质量一体化当中,市场主体强不强决定了长三角强不强。安徽代表团新闻发言人,安徽省委常委、宣传部部长郭强表示安徽在长三角一体化中的积极作为表现在四个方面,即面向世界科技前沿,共建科技创新共同体;面向经济主战场,共同推动长三角地区三次产业高质量协同发展;面向国家重大需求,推动联合攻关;面向人民生命健康,共筑公共安全防线。

　　习近平总书记在二十大报告中明确指出:"青年强,则国家强。当代中国青年生逢其时,施展才干的舞台无比广阔,实现梦想的前景无比光明。全党要把青年工作作为战略性工作来抓,用党的科学理论武装青年,用党的初心使命感召青年,做青年朋友的知心人、青年工作的热心人、青年群众的引路人。广大青年要坚定不移听党话、跟党走,怀抱梦想又脚踏实地,敢想敢为又善作善成,立志做有理想、敢担当、能吃苦、肯奋斗的新时代好青年,让青春在全面建设社会主义现代化国家的火热实践中绽放绚丽之花。"为此,在长江三角洲区域一体化发展的国家战略中,进一步发挥青年作用,帮助青年发展,是历史使命,是战略所需,是未来所在。结合前几章的理论研究、模型构建和数据分析,提出三个方面的对策建议:强化政策引导,共同打造青年创新创业示范区;发挥区域优势,立体构建青年创新创业互促模式;完善保障体系,整体推进青年创新创业有效快速发展。

第一节　强化政策引导,共同打造青年创新创业示范区

一、 规划先行,组织保障,打造特色鲜明的青年"双创"型区域

从国家层面讲,党和国家对青年创新创业教育一直是非常重视的。近些年,中央相关部门和国务院制定及下发了一系列青年创新创业的指导或实施意见,但是这些意见往往都是宏观性的方针、政策,最终的落实和实施还需要地方政府来完成。2019 年颁布的《长江三角洲区域一体化发展规划纲要》中就明确指出:深入实施创新驱动发展战略,走"科创＋产业"道路,促进创新链与产业链深度融合,以科创中心建设为引领,打造产业升级版和实体经济发展高地,不断提升在全球价值链中的位势,为高质量一体化发展注入强劲动能。

为此,建议在具体执行《长江三角洲区域一体化发展规划纲要》时,要深入贯彻二十大报告精神,结合长三角地区广泛吸引青年创新创业的实际和未来定位,在具体实施方案或实施过程中要明确提出建设目标,即以创新驱动创业,打造具有长三角特征的青年"双创"型区域,并详细制定 5~10 年的建设规划和行动指南。建议在具体规划中要在明确总体目标的基础上,一是明确上海、杭州、宁波、南京、江苏、合肥等青年"双创"基础好、发展快的城市,率先建成青年"双创"型城市,切实起到"领头羊""示范区"和"推动器"的作用;二是明确组织领导机构,建议通过"双元并行"的方式构建,在各省市分别建立相关领导小组和各相关部门协同推进的工作小组的同时,各省市相关主要部门共同组建协同推进工作专班,以此实现一体推进建设,彰显各省市的特色;三是要构建动态评价和调整机制,在明确创建工作目标及实施步骤,制定工作举措的基础上,将考核评估项目、考核要点等分解至各成员单位,按时序进度适调、完善各项创建工作的目标任务,并根据推进现状和未来目标,过程性完善评价体系和具体指标。

与此同时,在目标明确的前提下,要着重抓好组织领导这个龙头,发挥其积极主导作用,才能保持强大的工作推力。一是各地要将青年"双创"型城市的创建工作摆上政府工作的重要位置,纳入社会经济发展规划;二是要形成社会力量广泛参与的合力,调动全社会力量共同开展创建工作的积极性,工青妇、残联、工商联等社团组织在创建工作中要发挥十分重要的作用;三是建立考核评价专班,结合当地实际,出台创建工作考核评价体系,组织多部门和专家团队进行考评摸底、自我测评和台账汇审等必要的检查推进工作,既为创建城市查找不足、完善制度、创新服务和可持续开展创业促进工作起到推进作用,也为顺利通过总体性评估考核打下基础;四是做好宣传舆论工作,要组织开展宣传创业政策、创业文化和创业典型活动,树立自主创业、服务工作者及先进单位的典型代表,形成非常好的舆论导向和社会效果。

二、 政策为核，建好平台，服务青年快速实现"双创"目标

青年创业创新工作作为一项系统性社会工程，涉及青年自身、经济、社会、政治、文化、教育、科技等各方面，因此必须从整体上进行统筹考虑。为此，要抓好政策支持这个核心，从政策上松绑和扶持，才能释放青年的创新创业智慧和能量。各省市要着力构建政策普惠、开业帮促、过程助力的政策支持体系，给予青年创业者源源不断、持续有力的扶持。在现有相对比较完善的政策体系基础上，主要可以从以下五方面进一步推进。

一是推进政策向普惠方向发展，要按照普惠原则，积极推进城乡统筹就业创业和全民创业，尤其是对大学生、妇女、失业人员以及农民创办小企业不设门槛、不限比例，真正实现"低成本"创业。

二是建立与国家政策和地方发展战略相适应的分类扶持制度。大力扶持科技类、海洋类、能源类、文化类创业，鼓励新型服务业的发展，不同的创业产业类别给予不同的立项支持、后期扶持以及保障措施。将青年创新创业引导到地方经济社会发展的主渠道；健全政策的制定、实施和监督等各环节，提高政策水平和政策的可持续性与可发展性。

三是做到扶持措施持续完善。要明确放宽市场准入、改善行政管理、解决融资瓶颈、落实税收优惠、提升创业能力、加强创业服务、增加创业场地、鼓励带动就业等扶持政策。

四是着重强化推动创业扶持政策落实。要开展创业政策落实情况的督查活动，推进扶持政策的贯彻落实。

五是探索和完善青年创业认证体系，依托各毕业生就业指导中心等相关部门，解决青年创业者落户审批、社会劳动保障基金缴纳等问题，给予创业者在公租房、廉租房以及人才公寓一定的补贴或优惠政策，解决创业者的后顾之忧。

《长江三角洲区域一体化发展规划纲要》指出：发挥长三角双创示范基地联盟作用，加强跨区域"双创"合作，联合共建国家级科技成果孵化基地和"双创"示范基地。为此，在政策执行和落地督查的同时，具体扶持过程更要发挥以下"平台"作用。

一是探索建立区域性的青年"双创"共建共享平台，逐步实现创新成果、创业投资、产业集合、支撑体系等跨省市的区域性共建和共享，建成以基金为导向的长三角一体化青年"双创"成果"大孵化产业园"。

二是抓好创业服务这个保障，搭建好平台畅通渠道，实现服务流程优化和功能拓展。积极整合有关职能部门和社会服务资源，建立创业指导服务中心，开设了创业培训、指导、咨询等服务窗口，开展创业政策宣传咨询、项目征集开发和推荐发布、创业培训、创业指导等"一站式"服务；开辟"公共创业服务网"和创业服务热线，提供政策咨询、信息查询等多项服务，打造多渠道、便捷化的服务平台。

三是完善建立青年创业的网络信息平台，使之成为有关青年创业信息、政策咨询、法律服务、市场分析、人员聘用以及企业开业指导、经营管理等创业知识的管理查询系统。

四是建立联合"成果库""资源库""导师库"等，为青年创新创业提供有力的多维支持，并逐步形成开放有序、管理规范的青年创新创业的社会化服务体系。

三、构建政府、高校、企业三方联动的青年"双创"教育服务体系

从发达国家的经验来看,青年"双创"教育是促进青年成功创业的关键所在。青年"双创"困难,尤其是创业困难,多数由于其缺乏创业所需要的基本技能,以及对创业缺少正确的理解与认识。因此,要进一步深化推进青年创业,长三角各高校首先要结合地方需求,建立起完整、科学、具有地域特点和本校特征的"双创"教育体系。青年"双创"教育是涉及政府、社会、高校和企业的一项系统工程,其构建必须充分发挥政府的主导功能优势、高校的教育职能优势、企业的市场前沿优势、社会的资源保障优势,不同机构协同联动,帮助青年培养创业意识、锻炼创业品质、提升创业能力,从而为青年"双创"提供可靠的保障和服务。

在此认识基础上,结合前期的调研和数据分析,建议构建政府驱动、高校推动、市场拉动的"三维联动"青年创新创业指导服务体系,政府、高校、社会三方通过"双创"政策、"双创"资金、"双创"服务、"双创"文化、"双创"教育、"双创"场地等子系统的有效联动对青年"双创"产生积极的影响,提高青年"双创"成功率。在"三维联动"前期,三者应各自构建青年"双创"指导服务的子系统。首先,政府的青年"双创"指导服务子系统对高校指导服务系统进行政策上的引导,并且对社会指导服务体系产生影响,促进创业文化氛围的形成。政府主要通过制定有利政策、提供金融财税支持、提升创业服务质量三方面来驱动青年创业。其次,高校的青年"双创"指导服务子系统一方面要注重对青年的创业教育指导,培养其创新创业意识;另一方面要加强与社会指导服务体系的合作,建立青年"双创"平台,锻炼青年"双创"实践能力,推动青年实现创业。最后,市场的青年"双创"指导服务子系统要不断加强对青年"双创"的关注,通过媒体舆论建立起有利于青年"双创"的文化氛围,鼓励企业家承担社会责任,共同参与到青年"双创"的帮助和指导工作上来,通过市场有效需求拉动青年"双创"。三方通过建立科学的联动机制,相互影响、同向发力,构成"三维联动"的青年创业指导服务体系,实现资源有效整合,共同推进青年"双创"。

第二节　发挥区域优势,立体构建青年创新创业互促模式

《长江三角洲区域一体化发展规划纲要》中明确了沪苏浙皖的相关区域优势和未来发展定位,具体表述为:"提升上海服务功能。面向全球、面向未来,提升上海城市能级和核心竞争力,引领长三角一体化发展。围绕国际经济、金融、贸易、航运和科技创新'五个中心'建设,着力提升上海大都市综合经济实力、金融资源配置功能、贸易枢纽功能、航运高端服务功能和科技创新策源能力,有序疏解一般制造等非大都市核心功能。形成有影响力的上海服务、上海制造、上海购物、上海文化'四大品牌',推动上海品牌和管理模式全面输出,为长三角高质量发展和参与国际竞争提供服务",以及"发挥江苏制造业发达、科教资源丰富、开放程度高等优势,推进沿沪宁产业创新带发展,加快苏南自主创新示范区、南京江北新区建设,打造具有全球影响力的科技产业创新中心和具有国际竞争力的先进制造业基地。发挥浙江数字经济领先、生态环境优美、民营经济发达等特色优势,大力推进大湾区大花园大通道大都市区建设,整合提升一批集聚发展平台,打造全国数字经济创新高地、对外开放重要枢纽

和绿色发展新标杆。发挥安徽创新活跃强劲、制造特色鲜明、生态资源良好、内陆腹地广阔等优势,推进皖江城市带联动发展,加快合芜蚌自主创新示范区建设,打造具有重要影响力的科技创新策源地、新兴产业聚集地和绿色发展样板区"。

一、 构建青年"双创"人才一体化发展机制

习近平总书记在二十大报告中明确指出:深入实施人才强国战略,坚持尊重劳动、尊重知识、尊重人才、尊重创造,完善人才战略布局,加快建设世界重要人才中心和创新高地,着力形成人才国际竞争的比较优势,把各方面优秀人才集聚到党和人民事业中来。人才是长三角一体化发展的关键所在、先决条件和有力保障。其能引领创新链、产业链、资金链、价值链等方面的一体有效发展,具有深远的战略影响。青年创新创业的发展要统一到《长江三角洲区域一体化发展规划纲要》中已经明确的沪苏浙皖发展定位和目标上。因此,在此基础上,要更为重视青年"双创"人才的一体化发展。

一是加快制定长三角人才一体化发展的规划,尤其是要明确青年"双创"人才一体发展的具体举措。其关键在于,要全面分析今后长时期的青年人才引进方向,提前布局谋划,减少恶性竞争和内部损耗。同时,要健全青年人才作用发挥辐射机制,通过项目跨域协作、资金多维支撑、人才共育共享等机制的建立,充分实现青年人才在选拔、引进、使用等各方面,综合性体现长三角一体化的发展目标。

二是创新设立人才协调机构。在一体化发展目标下,原有的以省市为主导的线性化、单一型人才引进机构设置,一定程度上会限制青年"双创"人才的一体化发展,为此,要通过创新模式,打破藩篱,通过多跨协同的方式建立协调机构,以实现人才的交互。

三是促进区域公共服务资源均衡化。人才是否引得进、留得住、用得好,其十分关键的要素是人才所在区域的公共服务资源和环境。青年"双创"人才在事业、家庭等各方面尤其需要政府给予更优质的公共服务。为此,要突破政策的鸿沟,通过医院、学校等异地建设分部,探索长三角区域内部流动补助等方式,进一步减少青年人才在区域流动中存在的相关后顾之忧。

四是建立青年人才需求预测预警发布机制。信息的对称性和集中性、政策的开放性和包容性,也在一定程度上直接影响了人才的流动性。为此,建议长三角各省市,可以定期统一发布紧缺青年人才信息和吸引政策,以便长三角地区内部,以及其他区域的青年"双创"人才全面掌握、精准分析、有效对接,并快速实现青年"双创"人才的分类引进。

五是建立一体化认证体系,减少青年"双创"人才流动障碍。长三角一体化发展所需要的青年人才往往是具有较高专业能力、科研能力、技术能力的,而部分专业、技术认证的相关证书,执照等具有一定的区域限制性。为此,建议长三角各省市逐步建立相对统一的认证体系,对青年人才所持有的"证""照"给予互认,以促进青年"双创"人才的流动。

二、 推进创新孵化器的多元化立体式构建

长三角区域是全国最有活力和创造力的地区之一,也是全球最大的都市圈之一,其认可创新、支持创新、实现创能的能力毋庸置疑。在新时期,青年实现创新创业的根本还是在于

创新能力和创业质量。通过调研不难发现,现在各种类型的创新孵化器,依然成为助推青年快速实现科技创新和孵化创业项目的有效载体。为此,如何进一步发挥长三角的区域创新优势,多元化、立体式地构建具有长三角特征的创新孵化器,显得尤为重要。

一是优势互补,加快长三角地区创新孵化器的统筹建设。根据调研和相关数据分析,沪苏浙皖各地在技术支撑平台、公共服务平台、配套增值服务、资金融合平台等方面有着各自的优势和短板,而且各地的模式和侧重点各有不同。基于此,要进一步加强互相间的模式学习、平台共建、政策互通和资源共享,集中实现创新孵化器的协同发展,助推区域创新成果的产业化。

二是多元建设,进一步打造政府引导、社会主导的共建模式。现在长三角各地的创新孵化器还是以政府资金为主导,依赖性相对较高,自身造血能力和产业融入性不高,这与长三角地区民营经济相对发达、社会资本相对富裕的现状匹配度不高。建议在具体模式构建中,重构孵化器的产权结构。一方面,吸引社会的闲散资本,促进孵化器主体资本的多元化,从而提高孵化器的社会认可度、推广度和市场化能力;另一方面,适当促进政府的相关职能实现方式的转变,一定程度上克服孵化器直接由政府主导带来的部分弊端。

三是加快一体化孵化器创新创业网络建设,实现孵化资源的成果共享和资源集成。根据数据分析不难看出,截至目前,长三角地区的创新孵化器在规模、数量、能级上发展迅速,取得了一定程度的突破。基于未来发展目标,应该更为重视孵化能力、孵化成果、孵化资源的集约化、一体化和共享性,以进一步有效助推青年创新创业。建议创新现有的科技公共服务平台,创建智慧型的区域创新创业信息服务平台,进一步为长三角区域实现创新和科技的集成共享,进而整体上实现长三角地区以科技创新服务青年创业和产业升级。

三、 建设青年"双创"集中产业协同发展模式

《长江三角洲区域一体化发展规划纲要》中明确指出:"共同培育新技术新业态新模式。推动互联网新技术与产业融合,发展平台经济、共享经济、体验经济,加快形成经济发展新动能。加强大数据、云计算、区块链、物联网、人工智能、卫星导航等新技术研发应用,支持龙头企业联合科研机构建立长三角人工智能等新型研发平台,鼓励有条件的城市开展新一代人工智能应用示范和创新发展,打造全国重要的创新型经济发展高地。"根据调研发现,长三角区域中,青年创新创业集中在互联网经济、平台经济、数字产业、人工智能等领域。与此同时,各省市根据发展情况、自身定位、未来目标等,对以上相关经济业态的布局和重点各有侧重。为此,要快速实现发展目标,就需要在各自发挥优势的基础上,更为注重协同发展。

一是精准分析,统筹推动,进一步发挥产业中的青年人才协同创新能力。基于多种因素限制,相关产业在创新技术的同时,很难实现创新共享,其主要表现为青年人才在创新过程中共同研发、成果共享、利责共担。这需要政府强有力的主导才能实现。为此,建议政府在精准分析相关现有成果基础上,适当打破现有壁垒,构建创新机制,实现以产业集群为单元,以共建、共享、共用、共担为目标的青年人才协同创新模式。

二是建立政学产研多方参与机制,开展跨学科跨领域协作攻关。长三角区域是科研院所、高校相对集中之地,也是企业创新动能最强之处。建议要以项目为导向,建设高校和科研院所的跨学科联盟,高校、科研院所与产业集群共建产业联盟等方式,实现在新兴领域、高

新领域的集中攻关和集约式突破。更重要的是,通过相关机制和组织的建立,可以为青年创新创业提供更为优良的技术保证和社会支持,同时,可以为产业和具体的青年创业企业提供更强大的创新推动力。

三是注重研究,发布指数,进一步提升青年投身相关产业的指导性、科学性和前瞻性。根据前期调研,长三角青年投身相关创新产业,主要是依据自身的学习科研经历、区域经济特点、个人特长和兴趣以及家庭因素等,在此过程中,政府后续的引导性尚有不足。为此,建议可以依托高校、科研机构、社会组织等,联合设立专门的研究中心,通过专项性的研究,定期发布相关指数,以供青年在创新创业过程更为精准、更为清晰地掌握发展趋势、市场动态和现有状况,并以此进一步吸引长三角地区优秀青年投身区域相关产业发展,以及扩大长三角地区的青年创新创业影响力。

第三节　完善保障体系,整体推进青年创新创业有效快速发展

一、完善政府支撑体系

(一)建立青年创业企业采购制度

对青年创业者来说,政府采购实际上是给创业企业注入了一笔发展基金,坚定了创业者的创业信心。同时,政府采购制度不仅可以有效地节约财政资金,也是政府推进宏观调控的一项重要手段,更是对青年创业的有效支持。

(二)完善青年创业税收扶持制度

首先,加强对创业投资的税收优惠,增加创业资本有效供给。由于创业投资具有投资大、周期长、风险高及收益滞后等特点,常常使投资者望而却步,加之我国创业资本的社会化程度较低,因此,需要通过税收优惠激励投资者,引导民间资本参与创业投资,增加资本的供给量。

其次,完善税收优惠,增强企业自主创新能力。需政府重点扶持的主要是各类高新技术企业,这类企业的主要税收负担集中在企业所得税和增值税两个方面,在创业企业创立期阶段,通过允许企业将购置的固定资产的进项税一次性抵扣销项税额,可以消除对固定资产的重复征税,切实减轻创业企业的增值税负担,并且有利于鼓励企业加大研发投入、加速设备更新等。

最后,给予管理研发人员税收优惠,吸引各类人才加盟创业。创业企业家是创业企业的管理者,他们投入人力资本,运用先进的管理理念,将资金和技术,产品和市场结合起来,推动创业企业的发展壮大。创业企业家缺乏是制约当前创业投资发展的重要因素之一。对其给予个人税收上的优惠,可以吸引真正高素质的管理人才从事创业企业管理,更好地进行风险运营。可以根据他们的收入特点给予较高的免税额,设置不同于普通工资和薪金的累进税率,使其在获利年度享受到税收优惠。

(三)健全青年创业信用担保体系

青年创业企业贷款担保机构基本模式有三种:信用担保机构、互助担保机构和商业担

保机构。目前,对青年创业担保,应以信用担保为主,并积极推进其他两种担保机构建设。在办好政府信用担保机构的同时,积极鼓励民间资金进入青年创业企业信用担保领域。同时,建立起有效的风险补偿制度与风险分散制度,完善再担保机制。加强信用担保机构与金融机构之间的协调合作,建立青年创业企业信用担保系统。

(四)加大知识产权保护力度

知识产权包括专利权、商标权、著作权等,是企业的重要资产。建议政府结合国家科教兴国战略,以专利战略为龙头,制定配套政策体系,把知识产权管理落实到技术、经济、贸易管理等各项日常工作中。同时,重视发现权的保护。

二、 优化青年创业融资服务

(一)建立健全风险投资引导资金

风险投资引导资金可以采用四种方式支持创业投资:一是支持设立新的创业投资机构;二是对已投资于青年创业的投资机构予以一定的补助,增强创投机构抵御风险的能力;三是引导投资机构联合投入,共同抵御风险;四是对有一定风险但具有潜在投资价值的青年创业企业先期予以资助和辅导,待企业的市场风险降低后再由创投机构给予二次投资,这种方式对于科技企业孵化尤为适用。

(二)发行债券式的创业启动资金

发行债券式启动资金,源于英国开展的青年创业计划,创业者在申请资助时不需要任何抵押和担保,通常只需要支付低于银行的利息,并按规定分期还款。如果创业者确实经营困难或者经营失败,也可以减免或延期还款。它介于商业贷款和慈善救济之间,是一种以创业者的信用为担保、以促进经济社会发展为目的、债券式的投资资助方式。

(三)加大银行等金融机构的扶持力度

一是采取多种放贷方式。商业银行应该加强对青年创业企业的风险评估,对成长性高、市场前景好的科技创业型企业应采取多种放贷方式,积极开展以无形资产、应收账款等作为质押的贷款方式,甚至对于一些成长前景特别好的青年创业企业可以采取无抵押放贷。二是提供必要的理财服务。帮助企业筹措资金、设计可靠的财务监控和风险防范系统。三是实施差异贷款利率。针对不同类型及不同发展阶段的青年创业企业,制定差异化的税收及贷款优惠扶持政策,并探索建立科技型创业企业以政府主导类基金资助为主、服务型企业以民间基金资助为主的分类体系。

三、 加快青年创业孵化园区建设

(一)按照"服务效率最大化"的原则,提供创业项目孵化的软硬件支持

依托现有的科技园区、科创中心,开辟青年创业专用场地,配备必要的公共设备和设施;

提供法律、市场监管、税务、财务、人事代理、管理咨询、项目推介、项目融资等多方面的创业咨询和服务,以多种形式的资金支持,为青年创业提供支撑和服务,促进青年创业。

(二)引导孵化园区通过资源整合,实现资源共享

制定园区奖励扶持政策,建立以行业为依托的创业集团或联盟,通过产业链间以高带低、以大带小、以强扶弱的发展模式,实现团结协作、互惠共赢。

(三)发展多种类型、各具特色的孵化园区

坚持政府引导和市场运作的原则,动员鼓励高校、企业参与由政府主导的园区建设。根据地方经济发展需求建立独具特色的孵化园区,加快形成专业化、多元化的科技创业孵化体系。同时,动员引导民间资本的投入,逐步建立投资主体多元化、经营模式多样化、创业服务专业化的新格局。

(四)充分利用政府社会资源,形成多层次多渠道研发群

重点发展国际孵化园和科技产业创新孵化园。进一步整合园区内外科技创新资源,建立孵化协作网络,并深化对外合作,提高孵化园国际化水平,吸引国内外大公司、知名高校在园区建立研发中心,为打造智慧型城市提供强有力的科技支撑。

(五)完善园区服务设施建设,建设配套的人才公寓

目前很多园区都有良好的内部条件,但受土地等因素的制约,多数园区地处偏远,周边服务设施滞后、交通不便,加之房价居高不下,这些都制约着招才引资的吸引力,严重影响创业园区的发展。建议政府加大与园区配套的人才公寓建设,系统化、高标准建设生活居住环境,筑巢引凤。同时,重视发展与园区相协调的第三产业。

四、 优化社会及市场环境

(一)培育创业文化,营造良好的社会氛围

社会文化环境对青年创业影响也是不容忽视的,青年创业意识的形成、创业行为的产生和创业活动的顺利进行等都离不开良好的社会文化环境的支持。政府相关部门在加强青年创业硬环境建设的同时,应进一步强化创业软环境建设,充分认识到社会创业文化对青年创业的重要影响。利用报纸、电视、广播、互联网等各种传媒工具,开辟专版、专栏、专题,宣传国家省市推进青年创业、开展服务、发展民营经济的重要政策和重大举措;宣传国内外创业的先进理念、成功经验和显著成果,打造舆论声势,营造创业的浓烈氛围。同时,充分调动高校、政府相关职能部门、科研机构和媒体的作用,通过顶层设计,经常性地组织高水平的竞赛和评比活动,通过身边的典型事迹和经验,积极评价、全面报道青年创业成就,激励广大青年树立创业意识、提升创业水平,积极营造全社会鼓励创新、支持创业、宽容失败的良好氛围。

(二)建设良好的信用体系,营造公平竞争的市场环境

通过加强立法和制度建设以及宣传教育等多种途径,加快社会信用体系的建设步伐,加

大对违法和失信行为的惩处力度,在全社会树立守信光荣、失信可耻的观念,并形成一处失信、处处受制约的机制氛围,增强全体公民的诚信意识,为青年创业营造公平竞争、诚信经营的市场环境,促进青年创业活动的健康开展。

(三)大力培育资本市场,拓展资金渠道

长三角地区经济发达,民间资本充裕,投资意识强。政府应制定鼓励政策,积极引导民间资本建立更多的投融资机构,推进、规范资本市场的健康发展,不断拓宽青年自主创业的资金来源渠道。

(四)加快发展中介机构,完善社会服务体系

我国青年创业的发展时间较短,尚处于起步阶段,相关中介服务体系很不健全,难以对青年创业形成有效的支持。随着长三角经济社会的发展,建立市场化的中介服务体系条件不断成熟,应借鉴国外的有益经验,通过政策引导、资金扶持等多种方式,积极推动中介机构的发展,并加强相关领域的立法工作和制度建设,建立规范、完善的中介机构市场运行机制,为青年创业提供专业咨询、项目评估、信息查询、信用担保、法律援助和创业技能培训等多方面的服务,以弥补青年自身创业存在的资金、知识和技能等方面的不足,促进青年自主创业的健康、快速发展。

参考文献

[1] 白云朴,李果.长三角区域一体化进程中科技人才政策趋同与竞争[J].中国人力资源开发,2022,39(6):81-93.

[2] 本刊讯.第四届(2021)中国医疗器械创新创业大赛高值耗材与植介入产品举行复赛[J].生物医学工程学进展,2021,42(3):140.

[3] 鲍锐,刘思思,王睿.城市创新、创新创业教育与大学生创业行为——基于长三角地区应用型本科高校联盟数据[J].现代经济探讨,2018(9):105-111.

[4] 陈娟,罗玲玲,崔晶晶,等.创新创业高质量发展水平测度与特征分析——以中国三大经济区为例[J].统计与决策,2022,38(14):75-79.

[5] 程欣怡,戈锦文.家庭农场可持续创业瓶颈与突破路径研究——以长三角地区为例[J].山西农经,2022(10):85-88.

[6] 钱智,吴也白,朱咏.上海"西五区"与长三角G60科创走廊科技和产业联动发展思路[J].科学发展,2022(4):55-61.

[7] 蔡秀萍.如何打赢人才拉"距"战——"交通发展对中小城市集聚人才的影响"调研分析之二[J].中国人才,2022(4):30-33.

[8] 曹加文,罗纯,邓彦敏.长三角嘉昆太区域高职院校创新创业教育协作发展路径探索与实践[J].创新创业理论研究与实践,2021,4(22):63-65.

[9] 陈智恒.长三角地区对台"双招双引"的经验与启示[J].海峡科技与产业,2021,34(8):1-5.

[10] 蔡丽茹,杜志威,袁奇峰.我国创新平台时空演变特征及影响因素[J].世界地理研究,2020,29(5):939-951.

[11] 陈龙.发挥金华籍人才优势 打造高质量发展增长极[J].中国人才,2020(2):42-43.

[12] 陈潇逸.长三角地区农村居民负债行为分析[J].中国集体经济,2020(1):6-7.

[13] 池春阳.创新集群理论视角下长三角众创空间优化策略研究[J].科技管理研究,2018,38(12):135-139.

[14] 崔建刚.基于新常态下长三角区域经济一体化发展研究[J].投资与创业,2021,32(21):73-75.

[15] 陈键,杨梦,杨力超.大学生创业团队特征与创业结果研究[J].青年探索,2017(1):22-28.

[16] 陈宇山,曾祥效.从《中国区域创新能力报告》看广东创新能力[J].广东科技,2005(10):18-21.

[17] 段德忠,杜德斌,桂钦昌,等.中国企业家成长路径的地理学研究[J].人文地理,2018,33(4):102-112.

[18] 邓启明,周曼青,杨梦霞.台湾青年大陆创业环境分析与优化策略探讨[J].台湾研究,2017(6):36-42.

[19] 冯旭芳,付八军.学术创业新动向:科技创新与产业发展深度融合——"长三角高职院校应用技术协同创新联盟2021年研讨会"会议综述[J].温州职业术学院学报,2021,21(3):38-40.

[20] 范柳,张亚男,刘新民.区域经济圈创业政策比较分析及启示[J].科技进步与对策,2017,34(13):47-54.

[21] 冯娟娟,俞文娟,张晨晨,等.大学生创业各阶段组织结构的变化、问题及成因[J].企业改革与管理,2018(2):99-100.

[22] 房俊东,杨柳漫波,陈楷.基于团队设计视角的大学生创业团队建设[J].华南理工大学学报(社会科学版),2013,15(6):119-121.

[23] 高芸,尹勤.长三角地区流动人口就业状况的比较分析[J].就业与保障,2022(4):96-98.

[24] 顾介铸."走进长江经济带·看江苏高质量发展"沿江行暨海峡两岸(江苏)青年创新创业智汇营启动仪式在泰州举行[J].海峡科技与产业,2021,34(5):97-98.

[25] 辜胜阻,吴永斌,郑超.浙江城镇化及小城市培育的思考与建议[J].浙江社会科学,2017(12):42-51, 156-157.

[26] 甘星,甘伟.环渤海、长三角、珠三角三大经济圈科技金融效率差异实证研究[J].宏观经济研究,2017 (11):103-114.

[27] 黄志甲,杨琦,徐宏,等.长三角一体化背景下区域性大学生创新创业人才培养的实践与思考[J].创 新创业理论研究与实践,2022,5(18):194-198.

[28] 胡盼,孔春林.大力实施科技兴农 全面推进都市农业现代化[J].上海农村经济,2022(8):19-20.

[29] 华广道.促进本地高职院校毕业生"留通就业"的方法——以江苏省南通市为例[J].人才资源开发, 2022(4):55-57.

[30] 胡艳,陈雨琪,李彦.数字经济对长三角地区城市经济韧性的影响研究[J].华东师范大学学报(哲学 社会科学版),2022,54(1):143-154,175-176.

[31] 衡晨敏,吴庆红."五大新城"建设背景下外国人管理服务工作研究[J].上海公安学院学报,2021, 31(6):13-18.

[32] 韩一丹.万物生长大会:"媒体＋创投"的造梦之旅[J].杭州,2021(22):24-27.

[33] 洪银兴.长三角:在创新一体化中建设创新型区域[J].江苏社会科学,2021(3):39-48,242.

[34] 韩子睿,商丽媛,魏晶.长三角科创圈区域科技创新治理[J].科技导报,2020,38(5):85-91.

[35] 韩秀彬,高晓琳.大学生创造、创业能力的成因及教育研究[J].佳木斯大学社会科学学报,2008(3): 108-109.

[36] 韩娟美.浅谈在校大学生创业团队建设[J].广东外语外贸大学学报,2014,24(2):105-108.

[37] 胡平."大众创业,万众创新"评价体系与评价方法探讨[J].科学与管理,2017,37(5):14-21.

[38] 江南.长三角科创共同体发布创新需求面向全球揭榜[J].江南论坛,2022(10):8.

[39] 季培东.点燃发展强引擎 打造人才向往地[J].群众,2022(3):34-35.

[40] 蒋翌帆.关于引育高层次创业人才助力杭州市上城区高质量发展的对策研究[J].今日科技,2021 (12):38-39,45.

[41] 金琳.科创投集团:打造一流科创投资品牌[J].上海国资,2021(10):75-77.

[42] 鞠铭,宫映华,张双鹏.促进长三角一体化高质量发展的税收政策研究[J].税务研究,2021(3): 26-31.

[43] 贾秀险,戚务念.成渝地区双城经济圈高等教育系统构建:基础与路径[J].重庆高教研究,2020,8 (5):32-43.

[44] 姜海宁,张文忠,许树辉,等.中国留学人员创业园分布及产业特征[J].地理科学,2018,38(12): 1943-1951.

[45] 李鲁奇,孔翔."第四次创业"中开发区跨界联系的网络特征与微观机制[J].地理研究,2022,41(10): 2648-2662.

[46] 李言.区域一体化能否提高资本生产率?——来自中国长三角城市经济协调会扩容的准自然实验 [J].南通大学学报(社会科学版),2022,38(5):63-72.

[47] 刘标,宋琦.强化科技支撑 打造高质量发展引擎——天长市"十三五"科技发展综述及"十四五"展望 [J].安徽科技,2021(11):11-13.

[48] 李志军.我国重点城市群营商环境评价及比较研究[J].北京工商大学学报(社会科学版),2021,36 (6):17-28.

[49] 陆红娟,柯婧,毕美华.区域创新服务网络建设模式与运行机制研究——以苏南国家自主创新示范区 一体化创新服务平台为例[J].江苏科技信息,2021,38(30):1-5.

[50] 廖娟.全面对外开放新格局下我国人才高地建设[J].中国人才,2020(4):52-53.

[51] 李方联.高职院校艺术设计类工作坊建设的观察与思考——以长三角地区院校为例[J].美术大观, 2018(11):134-135.

[52] 刘亮.区域协同背景下长三角科技创新协同发展战略思路研究[J].上海经济,2017(4):75-81.

[53] 李海荣,蔡明超.背景风险对居民风险资产投资的影响——基于长三角微观调查数据的实证研究 [J].上海金融,2016(3):16-22.

[54] 刘名菊.大众化教育下的大学生自主创业问题分析[J].考试与评价,2016(2):85.

[55] 陆芳,浦佳.江苏高校大学生创业成功与失败的成因与对策——基于苏南与苏北地区的比较[J].中国商论,2017(28):188-192.

[56] 刘先君.浅析大学生初创业团队的建设和管理[J].统计与管理,2016(4):162-163.

[57] 李晓.区域创业环境评价指标体系的优化[J].统计与决策,2009(15):48-49.

[58] 马晓晖.以"两山"理念为引领 打造人才生态最优湖州[J].中国人才,2020(5):38-39.

[59] 卢平,徐士军,王曼."四化"同步集成改革战略下宿迁创建省应用创新示范区建设路径研究[J].安徽科技,2022(4):28-33.

[60] 宁光杰,孔艳芳.自我雇佣农民工市民化的影响因素研究——基于长三角和珠三角地区的比较分析[J].中国经济问题,2017(5):94-106.

[61] 彭少峰,赵奕钧,汪禹同.社会资本、资源获取与返乡农民工创业绩效——基于长三角地区的实证[J].统计与决策,2021,37(22):81-84.

[62] 钱肖颖,孙斌栋.基于城际创业投资联系的中国城市网络结构和组织模式[J].地理研究,2021,40(2):419-430.

[63] 卿涛,古银华."三维一体"创业政策评估体系的构建与应用[J].中国劳动,2014(11):4-7.

[64] 任泽平,白学松,刘煜鑫,等.中国青年创业发展报告(2021)[J].中国青年研究,2022(2):85-100.

[65] 任红婕.在校大学生创业团队形成过程及教育反思研究[D].成都:四川师范大学,2016.

[66] 史普润,曹佳颖,贾军.长三角地区数字经济对科技创业的影响:孵化支持的中介作用[J].江淮论坛,2022(2):43-52.

[67] 孙勇,樊杰,张亚峰,等.中国风险投资的时空格局及其演进[J].软科学,2021,35(11):32-38.

[68] 孙宁华,戴嘉.发达地区商业模式创新的条件、方式与引领作用——以长三角地区为例[J].河北学刊,2021,41(3):128-136.

[69] 隋鑫,王念祖.大陆台湾青年创业就业政策的特点、问题与应对策略研究——以京津冀与东部沿海地区为例[J].台湾研究,2020(1):64-72.

[70] 孙虹乔,魏晓玲.大学生创业现状、成因及对策探析[J].中国市场,2011(23):242-244.

[71] 石庆波,周明,李国东.中关村贵阳科技园创新指数设计——基于硅谷指数和中关村指数的分析[J].价值工程,2017(15):8-11.

[72] 团上海市金山区委.上海金山:在打响"上海湾区"城市品牌中"青历青为"[J].中国共青团,2022(14):55.

[73] 团嘉善县委.构建"引育留"综合体系 助力打造长三角青创之城[J].中国共青团,2022(13):45.

[74] 团苏州市委.构建多元服务渠道 做好青年人才文章[J].中国共青团,2021(19):66-67.

[75] 滕堂伟,覃柳婷,胡森林.长三角地区众创空间的地理分布及影响机制[J].地理科学,2018,38(8):1266-1272.

[76] 汤新明.打造长三角产业人才示范高地——江苏省南通市促进人才与产业融合发展[J].中国人才,2016(11):56-57.

[77] 吴跃农.温州"两个健康"先行区建设现状及经验启示——实地调研和理论思考[J].辽宁省社会主义学院学报,2022(2):3-14,2.

[78] 吴斌,潘雅悦,楼雯倩.政府引导基金联合风险投资对创业质量的影响:基于 PLS 模型的实证考察[J].财务研究,2022(3):55-64.

[79] 王建兰.无锡打造高质量"就业示范城市"的对策研究[J].江南论坛,2022(3):80-82.

[80] 巫英,涂佳航,万子卿.长三角创业生态系统发展现状、问题及对策研究[J].中国国情国力,2022(3):53-58.

[81] 王怀友.长三角一体化背景下创新创业合作现状及问题分析[J].中国商论,2022(1):140-142.

[82] 王永健,王玲琳.长三角一体化下太仓高新区高质量创新生态体系构建研究[J].江苏科技信息,2021,38(36):4-6.

[83] 王林波.生活质量水平持续提高 期待更快融入城市生活——上海"十三五"时期农民工市民化分析报告[J].统计科学与实践,2021(12):38-41.

[84] 王亚煦,李香,郑泽萍.高校众创空间创新孵化能力评价——基于模糊层次分析法的实证测度[J].科技管理研究,2021,41(12):64-69.

[85] 吴章健,周洁.宁波青年大学生"双创"促进对策研究——基于长三角一体化视角[J].浙江万里学院学报,2021,34(3):102-105.

[86] 阮平南,王倩颖,杨娟,等.创业投资网络核心社团的投资行为分析[J].数据分析与知识发现,2019,3(12):84-93.

[87] 袁晶,田贤鹏.新常态背景下高校创新创业教育的发展现状与路径选择——基于"长三角地区"八所高校的调研分析[J].现代教育管理,2018(6):35-41.

[88] 阮项.全球城市的跨越式创新——上海与以色列科创合作若干策略探析[J].华东师范大学学报(哲学社会科学版),2017,49(6):163-168,173.

[89] 王泽彩,王子林.小微企业创新能力分析——以宁波为例[J].经济研究参考,2017(25):60-71.

[90] 伍爱群,秦梦.深化区域金融一体化有效支持长三角地区创新创业[J].上海金融,2016(12):88-91.

[91] 王吉勇,朱骏.不同空间维度下的众创空间供给模式及规划探索[J].规划师,2016,32(9):24-30.

[92] 翁莉,殷媛.长三角地区科技企业孵化器运行效率分析——以上海、杭州和南京为例[J].科学学与科学技术管理,2016,37(3):106-115.

[93] 吴宏志.广东青年对珠江三角洲地区新改革发展道路的认识与评价——对《珠江三角洲地区改革发展规划纲要》认知状况调查分析[J].青年探索,2010(2):35-38.

[94] 吴嫚菲.长三角乡村区域协同发展策略研究[D].苏州:苏州科技大学,2020.

[95] 文萍,马宏贤.大学生创业瓶颈的成因及对策分析[J].中国电力教育,2010(22):173-175.

[96] 王子希.大学生创业团队的建设与管理[J].亚太教育,2016(24):236.

[97] 王晓晔.大学生创业团队建设探究[J].教育与职业,2013(15):106-18.

[98] 王丽敏,肖昆,韦福雷,等.基于企业创业网络视角构建大学生创业团队[J].商场现代化,2015(5):275-276.

[99] 汪磊,耿建祥,向诗雨.模糊层次分析法在大学生创业团队组建中的应用[J].沙洲职业工学院学报,2015,18(1):38-42.

[100] 王红军.我国大学生创业团队建设问题研究[J].浙江工商职业技术学院学报,2008(1):51-52,55.

[101] 王智慧,刘莉.国家创新能力评价指标比较分析[J].科研管理,2015,36(S1):162-168.

[102] 谢玲敏,谢智敏,王霞,等.中国城市创业生态系统运行效率的时空演变及影响因素分析[J].经济问题探索,2022(9):87-98.

[103] 薛琪薪,陈晓琴.上海青年海归人才发展状况调研报告[J].科学发展,2022(7):49-55.

[104] 许启金.开放创新 合作共享——嘉善县探索全球化方向全域双创示范基地建设[J].中国经贸导刊,2022(3):91-93.

[105] 徐瑞,郑剑威,张维祥.长三角一体化背景下南京市创新资源集聚路径研究[J].中小企业管理与科技,2022(2):69-71.

[106] 熊励.依托进博会和临港新片区两大平台强化上海开放枢纽门户功能[J].科学发展,2021(11):38-48.

[107] 薛琪薪,林柄全."环境的温度":城市人才发展环境评估及优化思路——基于上海市C区的调查[J].城市观察,2020(2):145-154.

[108] 徐强,王婷.创业投资与地区经济发展——基于长三角地区上市公司的实证[J].管理学刊,2018,31(5):22-33.

[109] 徐菱涓,张明,唐余康,等.长三角科技企业孵化器发展能力评价及比较研究——基于江浙沪的调查[J].南京航空航天大学学报(社会科学版),2015,17(3):26-30.

[110] 邢皓越,周杨,陈阳.大学生创业团队的组建和培养[J].亚太教育,2015(18):229.

[111] 邢晓阳.大学生创业团队建设的困境与消解路径[J].产业与科技论坛,2015(15):195-196.

[112] 徐立平,姜向荣,尹翀.企业创新能力评价指标体系研究[J].科研管理,2015,36(S1):122-126.

[113] 叶晟婷.嘉兴产才融合发展的路径研究[J].江南论坛,2022(9):39-42.

[114] 杨雪晴,张娜,张冬阳,等.数字普惠金融如何影响长三角地区城市创新创业水平——来自空间杜宾模型的实证研究[J].宿州学院学报,2022,37(4):24-29.

[115] 杨锋.陕西咸阳:打好乡情牌招引在外人才智力回归[J].中国人才,2020(8):64.

[116] 杨虎,曹慧玲.政策支持对农产品流通绩效提升的效应及异质性——基于长三角地区样本[J].商业经济研究,2020(12):138-141.

[117] 严利,叶鹏飞.长三角城市群发展过程中创新创业人才发展[J].哈尔滨工业大学学报(社会科学版),2017,19(3):75-80.

[118] 尹训红,文少飞.大学生创业团队建设问题及对策研究[J].科技创业月刊,2015,28(2):31-32.

[119] 袁卫,吴翌琳,张延松,等.中国城市创业指数编制与测算研究[J].中国人民大学学报,2016,30(5):73-85.

[120] 周轶.嘉善:以科技创新激活强县引擎[J].今日科技,2022(8):20-21.

[121] 张继平,邓可.长三角高等教育一体化高质量发展的现实困境与路径选择——基于区域创新体系的视角[J].长江大学学报(社会科学版),2022,45(4):117-124.

[122] 周轶.嘉善县以科技创新支撑县域高质量发展新路径的实践与探索[J].今日科技,2022(5):52-54.

[123] 周海蓉,丁博汉.推动上海国有创投企业进一步发挥战略作用的思路和对策[J].科学发展,2022(5):15-21.

[124] 翟仁祥,宣昌勇.数字普惠金融提高了城市创业活跃度吗[J].现代经济探讨,2022(5):76-87.

[125] 张治国,欧国立.高铁开通促进创业了吗?——基于京津冀等七大城市群的研究[J].东岳论丛,2021,42(12):164-173.

[126] 周莲洁.长三角一体化下高校众创空间的创业服务能力提升机制研究[J].商讯,2021(31):17-19.

[127] 周萌.2021侨界精英创新创业峰会在杭举行[J].杭州,2021(20):70-71.

[128] 赵桎笛,王长林.国内主要地区招才引智实践及对河南的启示[J].领导科学,2021(18):103-106.

[129] 张庆超.长三角生态绿色一体化发展示范区创业发展生态圈发布[J].中国人才,2020(8):64.

[130] 周正柱,王瑛.长三角区域应用型联盟高校创新创业教育协同发展:主要瓶颈与突破路径[J].职业技术教育,2020,41(12):23-26.

[131] 中国企业家调查系统,仲为国,李兰,等.企业进入创新活跃期:来自中国企业创新动向指数的报告——2016·中国企业家成长与发展专题调查报告[J].管理世界,2016(6):67-78.

[132] 朱玉红,邵园园,周甲武.大学生创业社会资本的测量及其培育——以长三角地区普通本科高校为例[J].教育研究,2015,36(5):64-72.

[133] 张勇.长三角人才一体化发展策略研究课题概述[J].中国市场,2020(7):3-5,8.

[134] 周静.大学生创业团队可持续发展研究[J].兰州教育学院学报,2016,32(6):15-76.

[135] 周可可.浅析大学生创业团队的建设与管理[J].知识经济,2010(3):158-159.

[136] 邹霞.在校大学生创业团队异质性,团队氛围与创业绩效的关系研究[D].镇江:江苏大学,2017.

[137] 翟仁祥,宣昌勇.数字普惠金融提高了城市创业活跃度吗[J].现代经济探讨,2022(5):76-87.

[138] ACS Z J,SZERB L,AUTIO E,et al. Global entrepreneurship index[R]. Washington,D. C.:The Global Entrepreneurship and Development Institute,2015.

[139] BOSMA N,HILL S,IONESCU-SOMERS A,et al. Global entrepreneurship monitor. 2020/2021 global report[R],2021.

[140] MORELIX A,FAIRLIE R W,et al. The Kauffman index 2015:startup activities[R]. Ewing Marion Kauffman Foundation,2015.

[141] CORNELL University,INSEAD,WIPO. The global innovation index 2014:the human factor in innovation[R]. Fontainebleau,Ithaca,and Geneva,2014.

［142］ HOLLANDERS H,ES-SADKI N,KANERVA M. Innovation union scoreboard 2015［R］. Belgium: European Union,2015.

［143］ HUGGINS R,IZUSHI H,DAVIES W. World knowledge competitiveness index 2008［R］. United Kingdom: Centre for International Competitiveness,2008.

［144］ Silicon Valley Institute for Regional Studies. Silicon Valley index 2015［R］. Silicon Valley,2015.

［145］ World Bank Group. Doing business 2015 going beyond efficiency［R］. Washington DC: The World Bank,2015.

［146］ ZHANG H P,CHEN W,LIU Z G. Spatiotemporal evolution of entrepreneurial activities and its driving factors in the Yangtze River Delta,China［J］. Land,2022,11(2): 216.

附录 1　国外创新创业政策研究

附录 2　长三角地区青年创新创业发展大事记

后　记

　　浙江万里学院是在省属普通高校改制基础上探索和践行现代大学制度的创新样本与创业先锋。学校秉持创新办学的创业基因，坚守应用型的办学定位、创业型的办学特色，充分发挥体制机制的创新优势，以特色鲜明高水平应用型大学建设为目标，着力形成以产科教融合、校政企协同、创新创业教育、国际化合作"四轮驱动"的办学格局。学校将"甬商文化""浙商精神"有机融入，结合"万里精神"的传承，涵养了独具特色的万里创业文化。

　　学校在2000年率先提出培养具有创新精神和创业意识的"本科应用型人才"目标定位的基础上，于2008年学校《中长期发展规划纲要》中提出"育创新性人才 建创业型大学"的引领目标，陆续出台推进创业教育的发展纲要、指导性意见和实施方案；在此过程中，学校在2005年率先成立"创新创业教育学院"；2015年学校制定《"十三五"发展规划》确定"构建创新创业人才培养新机制，打造全国创新创业示范高校"，开展"创新创业教育提质增效工程"，实施创业班扩点、创业园扩容、创业培训扩大、创业质量提升等举措；学校制定《"十四五"发展规划》将"创业型特色"确定为学校发展战略之一。学校围绕专业创新应用型人才培养目标定位，深入研究创业人才培养的内在规律和外部生态，通过主体互动循环，贯通了目标导向的政策引导链；通过模块互嵌循环，贯通了专创融合的知识培育链；通过赛训互促循环，贯通了实战导向的能力培养链；通过内外互融循环，贯通了三维联动的项目孵化链。实现了创业教育校内的微循环、创业实战校内外的大循环的"双循环"机制，打造了创业人才"全链条"培养体系，构建了应用型高校创业人才"双循环、全链条"培养的新模式。

　　学校是国家创业教育人才培养模式创新实验区、国家首批深化创新创业教育改革示范高校、全国高校创业指导师培训基地、国家级众创空间、联合国教科文组织中国创业教育联盟首届理事单位、全国大学生创业教育实训基地、全国大学生KAB创业教育基地、国家级科技特派员创业培训基地、浙江省创业型大学试点高校、浙江省应用型示范试点高校、浙江省示范性创业学院、浙江省大众创业万众创新示范基地、浙江省三全育人综合改革重点支持高校（实践育人）等，学校连续4年入选"中国大学创业竞争力排行榜"50强，并曾获得全国高校校园文化品牌优秀成果奖（浙江万里学院"创业训练营"实践与探索）、"挑战杯"全国金奖和特等奖、中国国际大学生创新大赛金奖等，创业学子和创业团队入选全国大学毕业生建功立业先进事迹报告团、全国大学生创业英雄十强和百强、全国高校大学生百佳创业社团、浙江大学生最具潜质校园"创业之星"、浙江省向上向善好青年等。

　　学校在2019年成立了"一带一路"青年创新创业研究院（宁波），本书是研究院全体人员智慧的结晶，他们分别是浙江万里学院党委副书记、副校长王伟忠教授、原副校长闫国庆教授、校办主任林德操副研究员、研究生处副处长陈金龙副教授、大数据与软件工程学院李光勤副教授、学生工作部副部长吴章健副研究员、商学院党委副书记黄文军副教授、宣传部副部长向娴华副研究员、设计艺术与建筑学院党委书记徐志强副教授、宁波海上丝绸之路研究院高聪讲师、法学院华瑞骅讲师、学生工作部夏淑红讲师、宁海海洋生物种业研究院副院长王标讲师等。在全体研究人员的汗水浇灌下，本专著终于完成了。

本书由我统筹协调和组织实施,并由闫国庆教授全程指导。按照总体构思的要求,我与林德操、陈金龙、李光勤和吴章健等老师起草专著大纲,研究中心全体成员参与了初稿的撰写工作。各章执笔人分别是:第一章林德操、向娴华、李光勤;第二章李光勤、林德操、黄文军;第三章、第四章李光勤;第五章陈金龙、吴章健、徐志强;第六章、第七章陈金龙;第八章林德操、吴章健;大事记高聪。华瑞骅、夏淑红、王标参与了本书的相关文献梳理、数据汇总、文字修改等。在初稿基础上,由陈金龙对全书进行统稿。最后由我审核定稿。

在本书即将出版之际,我的内心充满了感激。首先要感谢学校全体参与创新创业教育与创业型特色打造的师生员工。正因为有你们长期的实践探索和一线坚守,才有研究的前提和基础。其次要感谢"一带一路"青年创新创业研究院(宁波)全体成员的辛勤付出。为了顺利完成本书撰写任务,研究院多次召开研讨会,反复修改提纲、凝练核心观点。大家团结奋进,在繁忙的工作之余,尽力挤出时间,全身心投入写作。再次要感谢闫国庆教授,他在百忙之中邀请相关校外专家与各位作者座谈研讨,多次对本书提出了许多宝贵的指导和修改意见。

在写作过程中,研究中心人员参考了同行们的不少成果,并用注释和参考文献的方式刊出。在此一并向他们表示感谢。由于时间紧,水平有限,面对长三角地区青年创新创业发展评价指标体系这一新的课题,书中的不足在所难免,恳请专家、学者和广大读者惠予批评指正。

本书已被列入2023年度浙江省高校思想政治工作研究文库项目。期待本书能为长三角地区进一步推动青年创新创业提供帮助,也能为其他兄弟院校和研究院所的相关研究提供有益的借鉴。研究团队也会以本书的出版为起点,进一步深入研究,以期能逐步形成系列的研究成果,为国家深化推进长三角一体化战略,尽绵薄之力。

王伟忠

浙江万里学院党委副书记、副校长

2024 年 1 月